Georgia O'Keeffe
Gemälde

Als die amerikanische Malerin Georgia O'Keeffe (1887–1986) im Alter von 98 Jahren starb, hinterließ sie ein Werk, das sie schon zu Lebzeiten zur Legende gemacht hatte. Lebensgefährtin des sehr viel älteren, berühmten New Yorker Photographen und Galeristen Alfred Stieglitz, der ihr Talent entdeckte und ihre Arbeiten bald regelmäßig ausstellte, faszinierte Georgia O'Keeffe ihr ständig wachsendes Publikum anfangs vor allem mit sinnlich-pulsierenden, magischen Blumenbildern. »Blumen und Flammen. Und Farbe.« So charakterisierte 1927 der amerikanische Maler Charles Demuth die Kunst dieser ungewöhnlichen Frau. Andere Themen kamen hinzu oder wurden weiterentwickelt: Stadtansichten, Wüstenlandschaften, Knochen-»Portraits«, abstrakte Kompositionen – in reinen Farben gemalt, von beeindruckender Intensität, voller Licht und Volumen. Nach Stieglitz' Tod im Jahr 1946 zog sich die inzwischen berühmteste Malerin Amerikas in die Wüste von New Mexico zurück, um sich ausschließlich ihrer Kunst zu widmen. Auf der »Ghost Ranch« bei Abiquiu, einem Ort, den sie als den schönsten Fleck der Erde bezeichnete, entstand in vierzig Jahren Einsamkeit Georgia O'Keeffes zunehmend asketischer, meditativer werdendes Spätwerk.

128 Seiten, 39 Farbtafeln

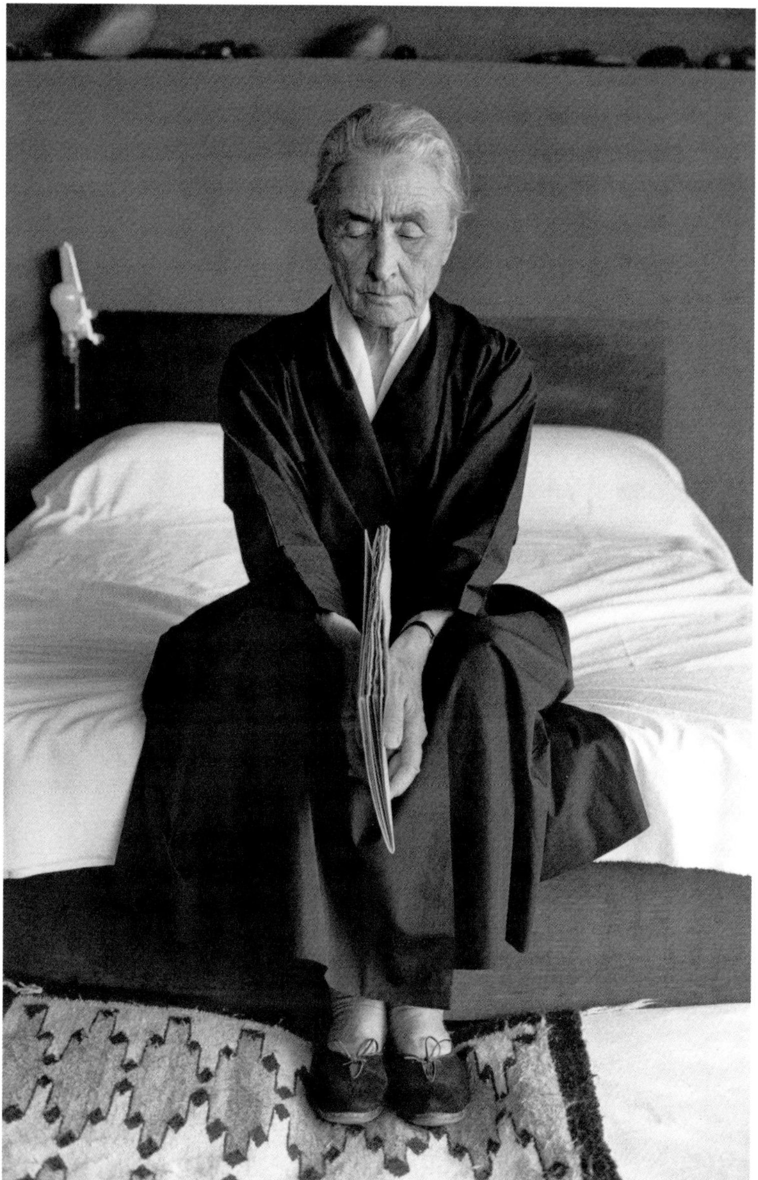

Georgia O'Keeffe

Gemälde

Mit einem Text von Jula Dech

Schirmer/Mosel

Der besondere Dank des Verlages gilt Mrs. Judy Lopez von der
Georgia O'Keeffe Foundation, Abiquiu, und Mrs. Barbara Buhler Lynes,
Autorin des Georgia O'Keeffe Catalogue Raisonné, einem Gemeinschaftsprojekt
der National Gallery of Art, Washington, und der Georgia O'Keeffe Foundation,
für ihre freundliche Hilfe und Unterstützung beim Zustandekommen
dieses Buches.

Abbildung auf dem Umschlag:
Red Poppy, 1927
Öl auf Leinen, 17,8 x 22,9 cm
Privatsammlung

Frontispiz:
Georgia O'Keeffe in ihrem Schlafzimmer, Abiquiu 1966
Photographie: John Loengard

Lithographie: Bayermedia. München
Satz: Typ-O-Graph, München
Herstellung: DZS Grafik, Ljubljana

ISBN 978-3-8296-1015-5

Eine Schirmer/Mosel Produktion
www.schirmer-mosel.com

Inhalt

Meiner Freundin Anthonia Eichenberg gewidmet.

Jula Dech

Jula Dech

Georgia O'Keeffe

I.
Hundert Jahre Leben und Werk

Georgia O'Keeffe (1887–1986) hat in ihrem fast hundert Jahre währenden Leben ein Werk von – im doppelten Sinn des Wortes – unglaublicher Größe geschaffen. Von ihrer ersten Einzelausstellung an, 1917 in New York, ist ihre künstlerische Arbeit von zum Teil hymnischen Kritiken begleitet worden. Kataloge, Monographien, Film- und Fernseh-Dokumentationen, kunstwissenschaftliche Würdigungen und natürlich zahllose Ausstellungen erhoben die Malerin schon zu Lebzeiten zu einem Mythos. Vielfache Ehrendoktorin amerikanischer Universitäten, wurde sie 1985 durch den Präsidenten der Vereinigten Staaten mit der »National Medal of Arts«, der höchsten Würdigung der Nation, ausgezeichnet und war der renommierten Illustrierten *Life*, als einzige lebende Malerin, zwei Titel-Reportagen wert. »Das 20. Jahrhundert hat zwei Malerinnen zu Kultfiguren erhoben«, konstatiert Erika Billeter, »die Mexikanerin Frida Kahlo und die Amerikanerin Georgia O'Keeffe.«[1]
Als die Konzeptkünstlerin Judy Chicago Ende der siebziger Jahre in ihrer berühmten *Dinner Party* 999 Frauen der Weltgeschichte ein künstlerisches Denkmal setzte, räumte sie Georgia O'Keeffe nicht nur einen Ehrenplatz ein, sondern präsentierte die Malerin auch als geistige Schirmherrin ihres epochemachenden Projekts. In ihrem Teller *Hommage an Georgia O'Keeffe* ließ sie ein Bildzitat der gefeierten Künstlerin in der Vagina-Schmetterlings-Metapher mit ihrer eigenen Symbolik verschmelzen – Ausdruck der persönlichen Verehrung einer großen Kollegin, weil sie »als die erste Malerin der Gegenwart eine Bildsprache schuf, die die Welt in weiblicher Begrifflichkeit interpretierte«. – »Grundlage für die Entwicklung einer weiblichen Formensprache in der

bildenden Kunst«, so Judy Chicago weiter, ist Georgia O'Keeffes Werk »das Zeichen für einen überaus bedeutsamen Bruch mit dem anhaltenden historischen Verschweigen des weiblichen Standpunkts.«[2]

In ihrer kühlen Reaktion auf diesen Versuch, sie für eine »weibliche« Kunst zu vereinnahmen, blieb die Malerin sich treu. Schon zu Beginn ihrer Laufbahn, als ihre Freundin Anita Pollitzer ihr die emphatische Reaktion des einflußreichen Galeristen Alfred Stieglitz auf ihre Arbeiten übermittelte – »Endlich! Eine Frau auf Papier!« –, hielt O'Keeffes Begeisterung über solches Lob sich offenbar sehr in Grenzen.[3] Von der Faszination des nachmaligen Lebensgefährten durch diese »weibliche Sicht der Dinge«, seiner Verblüffung über »die starke, weibliche Sinnlichkeit« bis zu der hohen Wertschätzung, die Georgia O'Keeffe in der neueren Frauenkultur genießt, spannt sich so zwar ein relativ eindeutiger interpretatorischer Bogen über ihr Werk. Aber obwohl die Künstlerin sich der Diskriminierung von Frauen in Gesellschaft und Kunst sehr wohl bewußt war, sich zeitweise auch feministisch engagierte, bestand sie für ihr Schaffen, dessen Impulse und Resultate, auf vollkommener Freiheit. »Ihre Unabhängigkeit und ihr persönliches Ringen«, so die Kunsthistorikerin Barbara Rose, »machten sie zum Sinnbild der neuen Frau.«[4]

Jedes Bild trägt den Maßstab für unser Urteil darüber auch und vielleicht zuallererst in sich selbst. Georgia O'Keeffe hat uns ein Werk von so augenfälliger und zugleich fremder Schönheit geschenkt, daß Anmutungen von »Liebe auf den ersten Blick« und rätselhafter Unzugänglichkeit sich angesichts ihrer Bilder oft gleichzeitig und gleich stark einstellen. Fast distanzlos nahe scheinen die Gemälde bei ihrer Schöpferin zu sein, beinahe wie von sich selbst hervorgebracht. Ist dieses Paradox, die artistische Unmittelbarkeit, vielleicht ein Schlüssel zu der erstaunlichen Tatsache, daß diese Künstlerin uns kein einziges Selbstportrait hinterlassen hat, an dem wir der thematisierten, objektivierten Beschäftigung mit ihrer eigenen Person nachspüren können?

Georgia O'Keeffe hat die radikale Einheit von Leben und künstlerischem Werk selbst gelebt. Noch als fast dreißigjährige Frau warf sie, in einer nüchternen Selbstkritik, alles bis dahin Erlernte praktisch über Bord, indem sie all ihre Arbeiten vernichtete, die sie unter dem vorherr-

schenden Einfluß der »Pariser Schule«, europäischer Stilrichtungen ganz allgemein, hervorgebracht hatte. Nur dieser rücksichtslosen Absage an die Imitation der Vorbilder, der konsequenten Suche nach dem eigenen Sujet, dem persönlichen Ausdruck und Stil verdanken wir jenes unverwechselbare Frühwerk von Georgia O'Keeffe, mit dem sie sich dann die einhellige Aufmerksamkeit und Gunst der damaligen New Yorker Avantgarde um Alfred Stieglitz und seine Galerie erwarb. Worin bestand das Geheimnis der Faszination, die von dieser Malerin auf die Intellektuellen-Clubs und Bohème-Zirkel, verwöhnt und sophisticated, im New York der *roaring twenties* ausging? Im »unverbrauchten« Sujet der Künstlerin, ihrer plötzlich als »typisch amerikanisch« empfundenen Welt der Pioniere, aus der es der europamüden Neuen Welt wie frischer Atem entgegenschlug? In der erotischen Ausstrahlung raffiniert reiner Bildlandschaften, die Assoziationen ihrer gleichsam unentdeckten Zonen mit dem weiblichen Körper hervorriefen – gar mit dem der Künstlerin selbst, die zugleich als Modell des Künstler-Photographen Stieglitz wie ein eigenes Kunstwerk erschien?
Ein Lebenswerk wie das von Georgia O'Keeffe stellt mehr Fragen, als es Antworten gibt. Auch wenn für viele amerikanische Kritiker sich das zur Beschreibung ihrer Bilder benützte Vokabular im Laufe der Jahrzehnte mehr und mehr auf Kennzeichnungen reduzierte, die zugleich der Charakterisierung ihres Lieblingslandstrichs New Mexico galten: weit, klar, streng, ursprünglich, gesund spartanisch, unsentimental usw. – diese Künstlerin ist erst noch zu entdecken![5]
Liegt es an Umbrüchen in der europäischen Rezeption amerikanischer Kunst, oder spielt trotz allem geschlechtsspezifische Unterschätzung weiterhin eine Hauptrolle? Tatsache ist, daß eine Künstlerin, die ein halber Kontinent als seine größte Malerin aller Zeiten feiert, hierzulande weithin unbekannt geblieben ist! Weder in Museen noch in anderen öffentlichen Sammlungen, ja ganz generell in der allgemeinen Wahrnehmung ist das Werk von Georgia O'Keeffe auch nur ansatzweise so vertreten, wie dies ihrem Ruhm in Amerika und der schieren Außergewöhnlichkeit ihrer Bilder halbwegs angemessen wäre.[6]
Georgia O'Keeffes Œuvre einem breiteren Publikum nahezubringen – dazu soll dieser Band einen kleinen Beitrag leisten.

II.
Natur und Kunst

Georgia O'Keeffe kommt am 15. November 1887 in Wisconsin, im mittleren Westen der USA, als Kind von Farmersleuten zur Welt. Auf einer Farm bei Sun Prairie, wo die Eltern Ackerbau, Viehzucht und Milchwirtschaft betreiben, wächst das Mädchen in vertrautester Nähe zur umgebenden Natur auf. Das selbstverständliche Landleben und die für Bauern alltäglichen Gespräche über Wind und Wetter, die Wolken am Himmel, den Regen in der Luft – all das schärft ihr Gespür für nuancierteste Stimmungen einer Landschaft buchstäblich von Kindesbeinen an. Daß sie auf der Farm Tiere bei Empfängnis, Geburt und Sterben auch als Kind ohne falsche Scham erleben kann, ist besonders damals ein Glücksfall. »Sie wuchs daher auf«, schreibt ihre Biographin Laurie Lisle, »ohne sich ihrer Sinnlichkeit zu schämen, obwohl das prüde Viktorianische Zeitalter noch nicht zu Ende war.«[7]

Georgias Mutter, Nachfahrin holländischer und ungarischer Einwanderer, die ihre Länder im 19. Jahrhundert aus politischen Gründen verlassen hatten, stammte aus einem gebildeten Elternhaus und bemühte sich sorgfältig, ihre Kinder – neben der späteren Künstlerin ein älterer Bruder und fünf jüngere Geschwister – gleichberechtigt und umfassend, insbesondere auch musisch zu erziehen bzw. auszubilden. Von der Weltliteratur bis zur Hausmusik reichen die Anregungen, die doch zugleich dem herrlichen Streunen auf der Farm, einer selbstverlorenen Kindheit fern der Zivilisation, freizügig Raum gewähren. Und wo das Mädchen den strengeren Normen der Außenwelt begegnet – wie etwa der katholischen Messe durch einen frommen Bruder ihres von Iren abstammenden Vaters –, da verwandelt es auch deren sinnliche Eindrücke ihrem Kosmos schwärmerisch an: »Sie liebte die bunten Punkte, die das Licht warf, wenn es durch die hohen, farbigen Glasfenster der Kirche fiel, die Bilder der Heiligen, den durchdringenden Geruch des Weihrauchs, die düstere Musik und die farbenprächtigen Gewänder der Priester.«[8]

Georgia O'Keeffes visuelle Wahrnehmung scheint schon früh ebenso stark entwickelt gewesen zu sein wie ihr optisches Gedächtnis. Glaubwürdig beschreibt sie uns die Details einer frühkindlichen Szene, in der sie mit Mutter und Tante auf einer Steppdecke sitzt, gibt sogar die roten, weißen und schwarzen Muster der Decke sowie die Haartracht der beiden Frauen wieder, zwischen denen sie sich lichtumflutet in Erinnerung hat. Aus zahlreichen anderen minutiösen Beschreibungen erfahren wir, wie aufmerksam bereits das kleine Mädchen die Schatten und Lichtreflexe beobachtet, die durch das Blattwerk der Bäume auf die Wiese fallen, oder die phantastischen Wolkenbilder, die am Himmel sich in ständiger Verwandlung befinden.[9]

Georgias Mutter nimmt das außergewöhnliche bildnerische Talent früh wahr und fördert es nach Kräften. So macht Georgia ihre ersten künstlerischen Fingerübungen im Abzeichnen von Würfeln, Rechtecken und Kugeln aus einer der verbreiteten Zeichenfibeln. Danach wird eine Hobbymalerin des Ortes zu privaten Zeichenstunden verpflichtet; hier lernt sie das sorgfältige Nachzeichnen von Illustrationen aus Büchern und das Ausmalen mit Aquarellfarben. Georgia wählte sich realistische Gegenstände wie Pferde, Blumen und Pflanzen aus, die sie konzentriert und gewissenhaft nachmalt. Doch bald schon erfindet die Heranwachsende eigenständige Motive mit schwierigeren Lösungen – wie etwa den Widerschein von Mondlicht auf Schnee, die mannigfaltigen Helligkeiten von Sonnenschein. Mit zwölf Jahren ist für Georgia O'Keeffe klar: sie wird Malerin werden...

Eine zunächst heftig betrauerte Lebensveränderung befördert diese Zielsetzung des Mädchens letztlich nachhaltig: nach dem Verkauf der elterlichen Farm muß die Vierzehnjährige mit der Familie nach Williamsburg ins südstaatliche Virginia umziehen, wo sie die strengen Sitten der Kleinstadt und des Klosterinternats nicht gerade als organische Fortsetzung ihrer urwüchsigen Kindheit erlebt. Selbst der zusätzliche schulische Kunstunterricht wiegt den Verlust jener tiefen, sozusagen leibhaftigen Verbundenheit mit der Natur, Landschaft, Pflanzen und Tieren, keineswegs auf. Als aber die Kunstlehrerin sie eines Tages auf die feinen Schattierungen einer echten Azalee aufmerksam macht, ihr die Töne im Inneren der Blüte erschließt, wird dieses Schlüsselerlebnis

für Georgia O'Keeffe zum Auslöser, sich die Natur auf dieser neuen Stufe bildnerisch anzueignen.
Die werdende Malerin hat die Natur ihrer Kindheit verlassen. Ihr elementares Leben mit und in der Natur bleibt ein Kern ihrer Persönlichkeit. Mit einer Sonderauszeichnung für Kunst sowie dem Kunstpreis für eine Aquarellstudie verläßt sie 1905 die Schule, um - noch nicht achtzehnjährig - am Art Institute von Chicago Freie Kunst zu studieren.[10]

III.
Europäische Moderne - amerikanische Metropole

Wie die meisten amerikanischen Akademien ist die von Chicago, an der Georgia O'Keeffe von 1905 an als eine von noch wenigen Frauen studiert, vollkommen auf Paris als Hauptstadt der bildenden Kunst fixiert. Umfangreiche Ausstellungen, etwa der Werke von Gustave Courbet oder von Rosa Bonheur, tragen den Ruhm der Franzosen immer aufs neue über den Atlantik. Und auch wer als angesehener Maler nicht in der Lage ist, zur Vervollkommung seiner Ausbildung ins »gelobte Land« zu ziehen - den streng neoklassischen Akademismus des Pariser 19. Jahrhunderts erlebt er in Amerika allerorten. Würdige bürgerliche Herren Professoren halten die Studenten zu braven Portraits, Stilleben und Aktzeichnungen an. Wieder und wieder muß die Studentin vor klassischen Skulpturen Proportionen üben, zeichnen vor dem lebenden Modell - wobei sie sich allerdings nach dem Zensurensystem, das den Standort des Schülers von den Bewertungen des Lehrers abhängig macht, rasch in die »vorderste Front« zeichnet...
Bald aber greift erneut die verschlechterte ökonomische Situation der Eltern entscheidend in Georgia O'Keeffes Entwicklung ein. Um einen wirtschaftlich gesicherten Beruf anzustreben, muß sie ihr freies Kunststudium abbrechen. Von 1907 an beginnt sie eine Ausbildung als Kunsterzieherin, an der »Art Students League« - in New York.

New York im ersten Jahrzehnt des neuen Jahrhunderts ist eine atemberaubende Großstadt! Gigantische Wolkenkratzer stürzen unterm Schrillen der Hochbahnen in tiefe Straßenschluchten, wo Massen von Menschen jeder Hautfarbe sich aus lärmenden Autos und brodelnden Untergrund-Schächten in die von zuckenden Leuchtreklamen illuminierten Unterhaltungspaläste ergießen. Es ist abzusehen, daß eine Metropole von dieser Dynamik ihre Faszination in rapidem Tempo auch auf die künstlerisch-kulturelle Avantgarde übertragen würde. Exakt zum richtigen Zeitpunkt hat das Schicksal Georgia O'Keeffe nach New York verschlagen. Erst später wird sie feststellen, daß für ihre intensive Symbiose mit der Natur die krasse Vitalität dieser Großstadt den denkbar stärksten Spannungspol darstellt. Für das künstlerische Schaffen der Malerin wird New York zur zweiten elementaren Quelle ihrer Inspiration.

Künstlerischer Akademismus ist in diesem New York zum Scheitern verurteilt. Eine der Adressen, wo sich dies vollzieht, ist Fifth Avenue No. 291. Mit einigen vom Studienbetrieb nicht minder unbefriedigten Freunden entdeckt Georgia O'Keeffe schon bald die kleine Galerie, die unter Künstlern als Geheimtip gilt. Ihr Motor Alfred Stieglitz, eine schillernde Persönlichkeit jüdisch-europäischer Herkunft, selbst Photograph, hat hier einen Ort des neuen Sehens, ästhetischer Innovation und medialer Erweiterung eingerichtet – wobei ihm insbesondere die europäische Moderne und Photographie als Kunst am Herzen liegen. Der Avantgardist Stieglitz macht seine Landsleute erstmals mit Cézanne bekannt, mit Picasso, Braque, Matisse, Picabia und Severini. Aber er stellt auch amerikanische Künstler wie Dove, Marin, Hartley aus und publiziert in einer eigenen Zeitschrift die ersten Photographien von Hine, Strand oder Steichen.

Bei ihrem ersten Besuch der Galerie stößt O'Keeffe auf Bilder, die sie in ihrem eigenen, noch streng an klarer Auffassung und sorgfältiger Durchgestaltung des Objekts gebundenen Malstil tief beunruhigen – Skizzen von Rodin. »Die Zeichnungen bestanden aus geschwungenen Linien und Kritzeleien mit ein paar Aquarellflecken und erinnerten mich an nichts, was ich je über Zeichnen gelernt hatte.«[11] Vollends beim allgemeinen, nachhaltig an Klassik geschulten Kunstpublikum lösten die leicht dahingeworfenen, expressionistisch anmutenden Skizzen heftige Debatten aus. Auf O'Keeffe hingegen scheinen die von Stieglitz unermüdlich präsentierten Anreger und »Regelbrecher« bei ihrer Suche nach der »eigenen Handschrift« eine magische Anziehungskraft auszuüben. Ob sie bereits spürt, wie viele vermeintlich gesicherte Gesetze des Sehens und der Darstellung die moderne Malerei im Begriff ist, über Bord zu werfen? Ahnt sie nicht schon, welches enorme Ausmaß an Eigen-Sinn erforderlich ist, welcher Mut zum Alleinsein, um im Abarbeiten des subjektiven Ausdruckswillens an den entwickelten Konventionen des Malens vom bloßen Talent zur wirklichen großen Kunst vorzustoßen?

Noch aber ist Georgia O'Keeffe nicht soweit. Noch schließt sie ihr erstes Studienjahr in New York mit einem eher traditionellen Stilleben ab – wenngleich sie auch dafür schon einen Preis gewinnt, die Teilnahme an einem Sommerkurs im nahen Lake George. Später wird sie diesen Ort noch oft mit Stieglitz aufsuchen. Ihre erste Bekanntschaft mit New York jedoch ist zu Ende.

IV.
Lehr- und Wanderjahre

Mit 21 Jahren, 1908, verläßt Georgia O'Keeffe die Ostküste, um sich bald darauf in Chicago als Gebrauchsgraphikerin durchzuschlagen. Es wird ein hartes Jahr für die angehende Malerin. Sie muß Muster für Spitzen und Stickereien entwerfen, Vignetten für Buchtitel zeichnen oder Werbe-Signets für Zeitungsannoncen – fast genauso wie wenig später die (ihr natürlich unbekannte) Hannah Höch im fernen Berlin. Ist es Zufall, daß zwei der großen Künstlerinnen dieses Jahrhunderts sich durch typisch weibliche Jobs zunächst einen Platz wenigstens im Vorhof der Kunst erwerben müssen und eine Randexistenz in der männlichen Domäne führen?

Als Künstlerin erlebt Georgia O'Keeffe eine längere Krise. Die hohe Begabung ist ihr mehrfach attestiert worden, ihr handwerkliches Geschick ist hoch entwickelt. Aber sie stößt an die Schranken der herrschenden Abbildungsnormen, die sie selbst fast verinnerlicht hat. Nach der eher frustrierenden Arbeit in Chicago kehrt sie zu den Eltern zurück, deren wirtschaftliche Notlage ihr kein vielleicht weiterhelfendes Studium ermöglicht. So denkt sie ernsthaft daran, die Malerei gänzlich aufzugeben.

Die erste Wende dieses Zustands erfährt sie 1911, als ihr eine frühere Kunstlehrerin ermöglicht, sie an der alten Schule einige Wochen im Unterricht zu vertreten. Wie viele Geschlechtsgenossinnen, die als Studentinnen die Möglichkeiten einer künstlerischen Laufbahn mutlos auf den männlichen Kunstmarkt projizierten, erblickt sie, nachdem sie ihr pädagogisches Talent erprobt hat, in solcher Lehrtätigkeit einen realistischen Ausweg. Die zweite Wende vollzieht sich 1912 – und ist ungleich entscheidender, fundamentaler. Bei einem künstlerischen Sommerkurs an der heimatlichen Universität von Virginia wird sie mit Alon Bement und durch ihn, zunächst nur in Gestalt seiner Theorie, mit Arthur W. Dow bekannt, zwei New Yorker Professoren, denen sie wahrscheinlich die auslösenden Impulse ihrer ganzen weiteren Entwicklung verdankt! Dow hat Malerei in Paris studiert – und kennt O'Keeffes Verzweiflung an Akademismus und Abbildungsnormen aus eigener Erfahrung. Seine einflußreiche, in vielen Auflagen verbreitete Kunstlehre *Komposition* (von 1899) ist vor allem von seiner Begegnung mit Gauguin und den Post-Impressionisten, mehr aber noch von der asiatischen Kunst beeinflußt. Er »war begeistert von der Ruhe, der Ordnung und der Naturverehrung, die aus den flächigen Darstellungen der japanischen Drucke sprachen«.[12] In der Synthese malerischer und ornamentaler Elemente, wie z. B. Hokusai sie ihm zu bieten schien, in ihrer harmonischen, ganzheitlichen Komposition sah er eine spirituelle Alternative zu der ihrer Vitalität beraubten europäischen Kunst, der die amerikanische noch weitgehend folgte.

Alon Bement, wie Dow Lehrer an der New Yorker Columbia-Universität, verbreitete vor allem die theoretischen Lehren des älteren Kollegen. Darüber hinaus vermochte er aber offenbar, Georgia O'Keeffe durch

seine bis zum Kauzigen gehende Eigenwilligkeit und seine entwaffnend autoritätslose Offenheit die Augen für wichtige Einsichten in ihre eigene Malerei zu öffnen – zumal er sie von Anfang an für außerordentlich begabt hielt. Bement ist es im übrigen auch, der die Künstlerin erstmals mit den revolutionären Reflexionen Kandinskys bekannt macht und sie außerdem auf die Bilder von Arthur Dove aufmerksam macht.
Georgia O'Keeffe ist von all den neuen Anregungen aufs höchste begeistert. Als ihr am Ende des Sommerkurses eine Stelle als Kunsterzieherin im texanischen Amarillo vermittelt wird, sucht sie die noch brodelnden Erkenntnisse sofort im eigenen Zeichnen und im Malunterricht umzusetzen. Aber da ist plötzlich noch ein anderer Einfluß, der sie ebenso stark, ja vielleicht sogar noch heftiger bewegt. Nach den Großstadtjahren in New York und Chicago, selbst gegenüber dem südlichen, aber zivilisierten Virginia: Texas überfällt die Künstlerin mit den fast archaischen Naturkräften ihrer Kindheit! Georgia O'Keeffe steht wieder auf der Erde, spürt ihre Wurzeln (eine elementare Empfindung, deren Bedeutung gerade für viele Amerikaner wir Europäer oftmals zu unterschätzen geneigt sind). Die endlose Weite des Flachlands mit seiner Wildheit und Abwegigkeit, seine schrecklichen Winde und die »wunderbare Leere« – all das erfüllt die Malerin mit unbändiger Energie. Wie das wilde Mädchen von Wisconsin, wenn auch auf einer neuen Stufe von Erfahrung und Wahrnehmung, durchmißt sie die Landschaftsräume, öffnet alle Sensorien für den Wechsel der Valeurs vom Sonnenschein zum Mondlicht, vom Herbst bis zum Frühjahr. Texas ist ein Land, das Georgia O'Keeffe liebt. Drei Winter lang, bis 1915, kehrt sie fasziniert hierher zurück. In den Sommern arbeitet sie nun selbst als Assistentin ihres Mentors Bement bei den Kursen in Virginia. Die ihr durch Bement nahegelegte Lektüre von Wassily Kandinskys Schrift *Über das Geistige in der Kunst, insbesondere in der Malerei,* 1911 publiziert und schon kurz darauf ins Englische übersetzt, hinterläßt bei der Malerin einen tiefen Eindruck. Sie ahnt vermutlich nicht, mit wie vielen Künstlern, ungeachtet ihrer Herkunft oder Gattung, sie diese emphatische Reaktion teilt: vom Münchner »Blauen Reiter« bis zum Kreis um Stieglitz in New York, von Schönberg bis Apollinaire wird der Essay des russischen Emigranten allerorten heftig und kontrovers diskutiert.

»Resultate von Beobachtungen und Gefühlserfahrungen« nennt ihr Verfasser seine Überlegungen und Erkenntnisse zur Malerei, über die seiner Ansicht nach noch viel gründlicher geforscht und nachgedacht werden müsse. Im Kern propagiert er einen ebenso einfachen wie radikalen Gedanken: den Gleichklang einer inneren Form mit der vom Künstler gesehenen, geschaffenen – wobei dieser Gleichklang (ein für die Klavier und Geige spielende Künstlerin einleuchtender Gedanke) durchaus musikalisch gemeint war. Nicht von einer Abbildung der Dinge sei auszugehen, sondern von der geistigen Kraft des Künstlers, die Farben, Form, Komposition (und damit auch den Betrachter!) zum Schwingen bringe – eine transzendentale Kraft, die Kandinsky in fast religiösen Begriffen beschwor und deren Moral er dem modernen Materialismus geradezu kämpferisch entgegensetzte.
Kandinskys ästhetische Proklamation ging, nicht zuletzt in der Unbedingtheit seiner Wahrheitssuche, weit über den Charakter der verbreiteten Ismen-Manifeste hinaus. Kein Maler zuvor hatte die widersprüchlichen Empfindungen und Überlegungen angesichts der eigenen Praxis derart radikal mit den unaufkündbar scheinenden Konventionen, ja Normen der bisherigen Kunstgeschichte konfrontiert. Bei Georgia O'Keeffe jedenfalls fielen diese Reflexionen auf denkbar fruchtbaren Boden. Was sie stets empfunden hatte, wenn sie stundenlang dem Wind in der Landschaft nachspürte, um ihm eine Stimme zu verleihen, ihrem Gefühl für das Licht eine Form – was sie vergeblich auszudrücken versuchte, wenn sie im Fluß stand, mit nackten Füßen, die Strömung an ihrem Körper spürend, kurz: wonach sie gesucht hatte in ihrer Malerei all die Jahre und was unerfüllt bleiben mußte im unüberwindbaren Abbildungszwang der Akademien und Galerien – hier hatte es jemand ausgesprochen, wahrhaftig, klar und kompromißlos.
Noch freilich fallen für Georgia O'Keeffe theoretische Einsicht und eigene Kunstpraxis weit auseinander. Auf ihrer Suche nach dem eigenen Stil, der eigenen schöpferischen Wahrheit, wirkt Kandinskys Essay zunächst wie ein gewaltiger Katalysator, der ihre innere Unruhe eher noch vergrößert. Anders aber als in den kritischen Phasen früherer Jahre sieht die Künstlerin nun eine Perspektive für ihre Entwicklung, verspürt mit Selbstbewußtsein, daß sie dabei ist, ihre wirklichen schöpfe-

rischen Impulse endgültig freizulegen. Nur noch wenig muß Bement sie überreden, den entscheidenden Schritt zu tun. Im Herbst 1914 geht sie an das Teachers College der Columbia-Universität, an der Dow und Bement unterrichten - nach New York.

V.
New York - ein Neubeginn

New York war nicht mehr die Stadt, die Georgia O'Keeffe mehr als sechs Jahre zuvor verlassen hatte. In Europa war der Erste Weltkrieg im Gang - und noch lange vor dem Eintritt der Vereinigten Staaten in diese beispiellose Völker- und Materialschlacht nahm das europäischstämmige Amerika, auch und gerade unter Künstlern und Intellektuellen, lebhaften Anteil an der gigantischen Selbstdestruktion überkommener Mächte, der gewaltsamen Zerstörung auch kultureller Normen und Werte. In der amerikanischen Metropole gehörten Streiks der erstarkten Industriearbeiter zur Tagesordnung, die Frauen- und Suffragetten-Bewegung zog für ihre Forderungen in Massen durch die Straßen. An den Universitäten und in ihrem akademischen Umkreis wirkten die Schriften von Marx und Freud. Da und dort tauchten die Frühwerke von Surrealisten oder Dadaisten auf. Die New Yorker Kunstszene stand unter dem Eindruck, ja unter dem Schock jener Ausstellung, der »Armory Show« vom Februar 1913, die einem größtenteils entsetzten Publikum die Entwicklung der europäischen und amerikanischen Moderne anhand von über tausend Exponaten veranschaulichen wollte. Neben europäischen Größen wie Cézanne, Courbet, Picasso, Braque, Matisse und Brancusi stellten die amerikanischen Künstler selbst über Dreiviertel der Bilder. Was Stieglitz beharrlich einem Kreis von mehr oder minder Eingeweihten über Jahre vermittelt hatte - hier ballte es sich zu einem einzigen Keulenschlag, der die Konventionen des Sehens und der Abbildung mit eindrucksvoller Wucht zerschmetterte.

Georgia O'Keeffe sog, nach Jahren der Großstadt-Abstinenz, alle Anregungen und Einflüsse gierig auf. Am Columbia College lernt sie Arthur W. Dow nun auch persönlich kennen – der sie sofort für eine außerordentliche Begabung hält – und geht bei ihrem Mentor Bement eifrig in die Lehre (obwohl sie eigensinnigerweise keineswegs seine Malklasse besucht). Sie macht die nähere Bekanntschaft einer Mitstudentin, Anita Pollitzer, aus der dann eine lebenslange Freundschaft wird. Mit ihr erobert sie das gerade aufsteigende Greenwich Village. Durch sie wird sie auch Mitglied der National Women's Party (und bleibt dies über 30 Jahre). Mit der Studienkollegin, die Stieglitz besser kennt, entwickelt auch sie sich zur regelmäßigen Besucherin seiner »291«, wie die Kenner die kleine Avantgarde-Galerie in der Fifth Avenue nennen.
Stieglitz hatte bereits 1910 unter dem Titel »Jüngere amerikanische Maler in Paris« mehrere der von ihm geschätzten Avantgardisten gezeigt, darunter auch John Marin und Arthur Dove. Marin, von den Kubisten ebenso wie von den Futuristen beeinflußt, malt vor allem Aquarelle, meist Landschaften, Seestücke – und Wolkenkratzer. Als Georgia O'Keeffe seine Werke im Frühjahr 1915 bei Stieglitz sieht, ist sie begeistert, insbesondere (wie sie der Freundin schreibt) ist sie »außer Rand und Band über das Woolworth«(-Hochhaus).[13] Bei dem Gedanken, daß man »von so etwas vielleicht leben könne«, erschrickt sie geradezu. Arthur Doves Bilder hingegen lernt sie durch Bement kennen, der ihr Jerome Eddys *Kubisten und Post-Impressionisten* empfiehlt. Dove, dessen *Leaf Forms* sie hier nur in einer Reproduktion sieht, war nach einem dreijährigen Paris-Aufenthalt voller verwirrender Eindrücke nach Amerika zurückgekehrt, wo er alsbald wochenlang allein in den Wäldern zu kampieren beginnt. Seine Bilder, vielleicht die ersten wirklich abstrakten in Amerika, bringen in Georgia O'Keeffe – im Sinn der Kandinsky'schen Reflexion – eine Saite zum Klingen. Dove, so wird die Künstlerin später bekunden, fühlt sie sich zutiefst seelenverwandt.
Die Impulse, aus denen heraus Georgia O'Keeffe nach New York zurückgekommen war, verdichten sich durch visuelle Erlebnisse dieser Art und erhalten durch die für die Malerin typische Abkehr von der Metropole ihre existentielle Kraft. Nach dem Sommer 1915, in dem

O'Keeffe wieder bei einem Sommerkurs Bements in Virginia assistiert, entschließt sie sich, primär natürlich aus ökonomischen Gründen, eine Stelle an einem Frauen-College in South Carolina anzutreten. Wieder erlebt sie die landschaftliche Umgebung fast wie im Rausch, gesteigert noch durch die anhaltende Liebesbeziehung zu einem New Yorker Kommilitonen. Gleichzeitig jedoch zwingt das vollkommene Abgeschnittensein in der Provinz sie zu einer radikalen Prüfung ihrer künstlerischen Entwicklung. In schonungsloser Distanz verwirft O'Keeffe praktisch alle ihre bis dahin »unter fremdem Einfluß« entstandenen Arbeiten: dies war die Sichtweise John Vanderpoels in Chicago (1905/6), hier die von William M. Chase und Keyon Coy an der New Yorker Art Students League (1907/8), da der von Dow und Bement angeregte Stil aus Virginia (1912) – wo aber war sie selbst? Wo auf der Leinwand war er zu spüren, jener Gleichklang ihrer inneren Form, der Ausdruck spiritueller Kraft, von dem Kandinsky sprach?

Außer ihrer Freundin Anita Pollitzer, mit der sie zahlreiche Briefe wechselt, hat Georgia O'Keeffe niemanden, mit dem sie diese schonungslose Kritik ihrer Arbeit austragen kann. Fast alles, was sie bisher geschaffen hat, löscht sie nun aus. Über diese rigorose Entscheidung schreibt sie wenige Jahre später: »Ich kam zu dem Schluß, daß es ausgesprochen dumm von mir war, nicht wenigstens so zu malen, wie ich wollte, und beim Malen das auszudrücken, was ich ausdrücken wollte, denn das schien ja noch das einzige zu sein, was außer mir niemanden etwas anging – und was ganz allein meine Sache war.«[14]

O'Keeffe reduziert ihr Handwerkszeug auf etwas rauhes Zeichenpapier, wie es jeder Schüler benutzt, und einige Kohlestifte – läßt selbst die Farbe beiseite. Noch einmal vergißt sie alles, was sie bisher gelernt hat, und beginnt, 27 Jahre alt, völlig von vorne. Sie arbeitet täglich nach der Schule, auch nachts, geht bis an den Rand der Erschöpfung, wird gebeutelt zwischen Verzweiflung und Euphorie, dem Durchdrehen nicht selten nahe. Zugleich erlebt sie diesen fundamentalen Neuanfang als einen der Höhepunkte ihres Lebens. »Ich war allein und vollkommen frei«, schreibt sie über diese Zeit, »arbeitete nur für mich selbst, unerkannt – es gab niemanden, den ich zufriedenstellen mußte, nur mich selbst.«[15]

Am Ende dieses turbulenten Herbstes 1915 schickt Georgia O'Keeffe der New Yorker Freundin einige ihrer neu entstandenen Zeichnungen zur Beurteilung – in der heimlichen Hoffnung, sie könnte diese Alfred Stieglitz vorlegen. Anita Pollitzer, in hohem Maß geöffnet für die außergewöhnliche Persönlichkeit O'Keeffes, spürte sofort die enorme Energie dieser Werke, die innere Gestaltungskraft der Freundin. Sie starrte auf die ungewöhnlichen Formen der Bilder, zutiefst bewegt von den Gefühlen, die aus ihnen sprachen. »Diese Zeichnungen«, so Pollitzer, »sagten etwas aus, das noch nie zuvor gesagt worden war.«[16] Auch Stieglitz, mit seinem extrem entwickelten Sensorium für die neue Kunst, registrierte augenblicklich, daß er das Werk einer außerordentlichen Künstlerin vor sich hatte. Fast betört durch die starke weibliche Sinnlichkeit, die sich nach seinem Eindruck in den Linien dieser Zeichnungen entfaltete, erklärte er sie zu den »reinsten, schönsten, aufrichtigsten Sachen, die seit langem ins ›291‹ gekommen sind«.[17] Ahnte Stieglitz, daß er in der Gestalt dieser Bilder der Selbstbestimmung einer modernen amerikanischen Kunst ebenso gegenüberstand wie der Selbstbestimmung der Künstlerin als der modernen Frau? Überwältigt jedenfalls von diesen Werken, stellte der Galerist die Zeichnungen, so bald es nur irgend ging, im Frühjahr 1916, in »291« zusammen mit einigen Werken anderer aus – und spaltete damit Publikum und Kritik. Während einige aus den erotischen Formen nur den weiblichen »Schrei nach dem Kind« herauslasen oder schockiert waren von der »naiven Sexualität, die aus den Bildern sprach«, zeigten andere sich fasziniert von den unkonventionellen und kompromißlosen Formen und von der originären, naturnahen, sinnlichen Ausstrahlung der »neuen Frau«, des »jungen Amerika«.[18]

Georgia O'Keeffe, selbstbewußt und bescheiden, geistreich und ängstlich zugleich, drückte Ambivalenzen, wie sie in solchen Reaktionen sich artikulierten, auch in ihrer persönlichen Erscheinung aus: wo sie auftrat, wirkte sie karg, abweisend, ohne jede Koketterie, dennoch als auffällige Erscheinung von großer erotischer Aura. Ihre strenge, meist schwarzweiße Aufmachung zusammen mit dem herben Gesicht machte leicht einen abweisenden Eindruck, der in Spannung stand zu ihren weichen, langgliedrigen Händen und den überaus lebendigen Augen, denen man zugleich die Fähigkeit, über sich selbst zu lachen, ansah. Alfred Stieglitz war bereits 51 Jahre alt und ein in der New Yorker Kunstszene berühmter Mann, als er die 27jährige, fast unbekannte Künstlerin Georgia O'Keeffe kennenlernte - und dies übrigens auch noch in einer durchaus delikaten Situation: die Malerin nämlich, von einer Studentin auf ihre ohne ihr Wissen bei Stieglitz ausgestellten Bilder angesprochen, kam in die Galerie, um den Galeristen - auch diesbezüglich gespalten - zur Rede zu stellen. Sie wollte gesehen werden, durch ihre Bilder etwas mitteilen - und empfand ihre Werke doch zugleich als höchst privat, ja intim. Aber Stieglitz, vielleicht aus dem Instinkt des Entdeckers heraus, fand für diese erste Begegnung beider die richtigen Worte. »Sie haben kein Recht, diese Bilder zurückzuziehen«, erklärte er lakonisch, »sowenig Sie ein Kind von der Welt abhalten können.«[19] Er war fasziniert von Werk und Person Georgia O'Keeffes - als Galerist und als Künstler, als Photograph und als Mann. Es blieb nicht beider letzte Ausstellung - und für den Photographen Stieglitz wurde O'Keeffe schnell zu seinem Lieblingsmodell. Hunderte von Photographien hat er von ihr später gemacht und ausgestellt.

VI.
Stieglitz, Photographie, O'Keeffe

Alfred Stieglitz hatte in Berlin Photographie studiert und verstand seine Arbeit selbst als Vermittlung ebenso zwischen den beiden Kontinenten wie zwischen den beiden Gattungen. Noch war die Photographie im Reich der »alten Künste« nicht als ebenbürtige Gattung anerkannt, obwohl beide längst um die genaueste, im Zweifelsfall also naturalistische Abbildung der Wirklichkeit konkurrierten - und die Photographen sich verschämt malerischer Techniken bedienten, während die Maler heimlich Photographien als Vorlagen benutzten.[20]

Stieglitz ging es um eine wechselseitige Anerkennung der Mittel, die Gleichwertigkeit des Kunstwollens von Malerei und Photographie. Für die Erneuerungsbewegung unter den künstlerischen Photographen, zu denen Stieglitz sich rechnete, war nicht das Bild mit der größten Tiefenschärfe ihr Ziel, sondern der Ausdruck dessen, was das Auge sieht. Wie die Natur ohne scharfe Konturen auskommt, wollten die Photographen auf harte Linien, übermäßige Genauigkeit verzichten. Ihre Ateliers entrümpelten sie von Kulissen und theatralen Requisiten, verwarfen alles, was das Auge äußerlich fesselte und der Phantasie keinen Raum mehr ließ. Alle Mittel wurden auf Licht und Schatten, Hell und Dunkel konzentriert, um atmosphärische Wirkungen mit den reinsten Elementen der Photographie zu erzielen und aus Menschen, Landschaften, Gesichtern den Charakter, das Typische rein, artifiziell herauszuarbeiten.

Wie in Hamburg um Lichtwarck, in London in der »Linked Ring Secession«, formierte sich auch in New York um die Jahrhundertwende für die künstlerisch-schöpferische Photographie eine Gruppierung – die »Photo Secession« (1902), zu der u. a. Alvin Langdon Coburn, Francis Bruguière, Baron de Meyer, Steichen, Schamberg, Clarence H. White, Sheeler und Paul Strand zählten. Für Stieglitz als ihren Motor gehörte es zum Programm, die (von ihm so genannte) »pictorial photography« mit den avantgardistischen Tendenzen in der Malerei zusammenzubringen, zumal er alle künstlerisch gestaltenden Bereiche und Gattungen als zusammengehörig ansah. Er machte auch den Weg frei für die »experimentelle Photographie«, die die vollständige Befreiung der Bilder von der sichtbaren Welt proklamierte und im freien Spiel von Texturen und Strukturen ganz neue Experimentierfelder eröffnete. Im Frühwerk von Stieglitz, etwa 1905 bis 1915, finden sich überraschend viele Affinitäten und Entsprechungen zur Malerei seiner Zeit, besonders auch zu den künstlerischen Fragestellungen von Georgia O'Keeffe – und zwar sowohl in der Wahl der Motive als auch in den ästhetischen Methoden und Lösungen. Selbstverständlich war die von den Impressionisten ausgelöste Auseinandersetzung über das Licht, die Optik, das Darstellen und Sehen auch für eine künstlerische Schwarzweiß-Photographie das A und O: Licht aus natürlichen Lichtquellen, das Gegenstände in Sonnen- und Schattenseiten zerlegte, ihre Formen zersetzte, oder Mondlicht, das fahl über einer Landschaft lag, die Stimmung konditionierte. Daneben hatten sich gerade in den Jahrzehnten zuvor die künstlichen Lichtquellen vervielfältigt: Gaslaternen, die einen Straßenraum geradezu erst herstellten – elektrisches Licht, das aus dunklen Häuserzeilen quoll – Scheinwerfer, die grell über eine Fassade strichen – Neonröhren, die Großstadtgesichter erbleichen ließen. Die Photographien von Stieglitz benützen Lichtstrahlen wie Strukturelemente, die Gebäude und Treppen gliedern, und sie fächern das Licht geometrisch, indem er es durch Raster und Gitter in dunkle Innenräume einbrechen läßt.

Selbst da, wo das Licht nicht thematisch ist, wirkt es als verborgenes Urelement: etwa wenn diesige Luftschichten die verharschten Schneespuren einer Straße in die winterliche Atmosphäre tauchen, wenn Spiegelungen im regennassen Asphalt erscheinen, vereinsamte Himmelsbilder, die an musikalische Sequenzen erinnern. Auf anderen Bildern schaffen Rauch, Nebel, Dampf, Dunst, Regen und Wolken die Psychologie von Städten und Landschaften.

Was vor allem die Kubisten in die moderne Malerei eingebracht hatten – die Dialektik von Standpunkt und Gegenstand des Künstlers –, Stieglitz trägt sie auf seinen Photographien vielfältig aus, indem er damit zugleich die Medialität der Metropole erfaßt: den Wechsel der Perspektiven aus Hochbahn oder Metropolitan-Schächten, den Zeittakt von Industrie und Verkehr in den Sequenzaufnahmen der Bewegungsabläufe. Mit Mikro-, Makro-, Weitwinkelaufnahmen und Teleobjektiven parzelliert die Photographie ihre Gegenstände vollends von der technischen Seite her, erschüttert die alten Sehgewohnheiten, traditionell gewähnte Zusammenhänge, durch Ausschnitte, Zerstückelungen, Verfremdungen – lange bevor die Montage als künstlerisches Prinzip, als »Paradigma der Moderne«, in alle Künste eindringt.

VII.
Das dreißigste Jahr

Die Lebenswende von jugendlichem Suchen zu reifer Arbeit, die mit dem dreißigsten Lebensjahr gern symbolisch verknüpft wird, erfüllt Georgia O'Keeffe geradezu klassisch. Sie hat den Kern und die Konturen des Stils für ihren künstlerischen Ausdruckswillen gefunden, berufliche Selbstsicherheit gewonnen; die äußere Anerkennung, vielfältig wahrnehmbar, bahnt sich an. Und auch ihre persönliche Situation beginnt sich zu stabilisieren.

Nach einem weiteren Sommer in Virginia wird die Malerin Ende 1916 als Leiterin der Kunstabteilung an ein College im texanischen Canyon berufen. Wieder erfährt sie die unglaubliche Ausstrahlung von Landschaft und übriger Natur als Stimulierung ihrer künstlerischen Arbeit – wieder die Einsamkeit in Kleinstadt und Studienbetrieb als persönliche Reinigung. O'Keeffe malt unablässig, schickt die Ergebnisse nach New York und wartet manchmal bang, manchmal hoffnungsvoll auf die Reaktionen von Anita Pollitzer und Stieglitz.

Stieglitz, der sie u. a. auch durch Zusendung seiner Zeitschrift *Camera Work* mit wichtigen Anregungen versorgt, ist längst entschlossen, zum frühestmöglichen Zeitpunkt eine Einzelausstellung von O'Keeffes Werken zu realisieren. Dies geschieht im Frühjahr 1917, während die Malerin ihren Unterricht in Texas absolviert, und ruft in der Presse erneut emphatische Anerkennung wie hämische, mehr oder minder herablassend sexistische Ablehnung hervor.[21]

Georgia O'Keeffe entschließt sich spontan, nach New York zu fahren. Aber sie findet die Wände der »291« leer. Das Haus, in dem Stieglitz jahrelang die vielleicht bedeutendste avantgardistische Galerie der Stadt betrieben hat, wird abgerissen. Die erste Ausstellung der Künstlerin ist zur letzten an jenem Ort geworden, an dem sie zehn Jahre zuvor durch die Zeichnungen Rodins ihre erste, sie stark berührende Begegnung mit jener Moderne erfuhr, die sie nun selbst hervorragend verkörpern sollte.

Stieglitz hängt die Bilder noch einmal – für ihre Schöpferin. Er bewundert Georgia O'Keeffe maßlos. Werk, Persönlichkeit und Frau bilden für ihn eine Einheit. Die Malerin erwidert die Zuneigung. Von 1918 an lebt und arbeitet sie ständig in New York. 1924 heiraten Stieglitz und sie. Ihre künstlerisch-biographische Entwicklung hat einen gewissen Abschluß gefunden. Für ihre weitere Laufbahn kann sinngemäß gelten, was sie gegen Ende ihres Lebens so formuliert hat: »Wo ich geboren bin, wo und wie ich gelebt habe, ist unwesentlich. Das, was ich daraus gemacht habe, wo ich gewesen bin, sollte von Bedeutung sein.«[22]

VIII.
Stadtansichten

Die Faszination durch die modernen Metropolen ist ein Phänomen, das die Maler aller Ismen in den ersten beiden Jahrzehnten unseres Jahrhunderts eint. Auch die Stadtansichten Georgia O'Keeffes, die vor allem zwischen 1925 und 1929 entstehen, sind im Prinzip Ausdruck der neuen ästhetischen Reaktionen und Reflexe auf das dynamischste, sinnfälligste Medium einer sich rapide verändernden Wirklichkeit. (Taf. 3–7.) Wie die Photographen geht auch die Malerin wie magisch angezogen auf die mannigfaltigen »Lichter der Großstadt« zu. Anders aber als die technische Apparatur verfügt die Malerei schöpferisch über das ganze Spektrum der Möglichkeiten, alle Formen von natürlichem oder künstlichem Licht mit allen Seiten der städtischen Architektur zu kombinieren und zu konfrontieren. In zahlreichen Variationen erbaut Georgia O'Keeffe sich geradezu ihre Stadt aus himmelwärts strebenden Vertikalen von Stein und Glas, aus Wolkenkratzern und Straßenschluchten, über und zwischen denen Mondschein erglänzt, Sonnenstrahlen schweben. Der Kosmos trifft den Moloch Stadt. Bildet New York vielleicht nur die Staffage für die kindliche, lebenslange Sehnsucht nach wilder Natur?

New York mit Mond (Taf. 3), 1925 gemalt, setzt in den scharf zwischen zwei Häuser geschnittenen Schacht die reine Weite einer Wolkenlandschaft, in der unendlich fern ein kleiner weißer Mondball segelt. Die gläserne Kälte der bedrohlich überdimensionalen Lichtkugel, an einer Gaslaterne aufgehängt, beherrscht die erstarrte Großstadtkulisse wie ein magisches Auge. Auch die Farbe, mit der die Malerin der Schwarzweiß-Photographie ihrer Zeit natürlich voraus ist, setzt O'Keeffe wirkungsvoll ein. Die farbige Illumination von Licht- und Leuchtkörpern verleiht ihren Bildern einen eigentümlich surrealen Effekt.
Georgia O'Keeffe malt gleichsam magisch anmutende Bühnenbilder der Stadt: New York City bei Nacht, das Shelton-Hotel bei Sonnenaufgang. Das *Radiator Building - Night, New York* von 1927 (Taf. 6) ragt mit seiner Jugendstilkuppel, einer festlichen Krone, im Zentrum des Bildes empor wie die Königin der Nacht. Ein stahlblauer Farbfächer breitet sich, aus der Straßenschlucht kommend, hinter den Gebäuden zum nachtschwarzen Himmel auf. Wie ein gestickter Wandteppich hängt die Fassade vor dem Wolkenkratzer. Die grell leuchtenden Fensterquader erhellen kein menschliches Zusammenleben - das kalte Neonlicht einer nächtlichen Büromaschine drückt nüchtern multiplizierte Arbeitszeit aus. Nur hier und da differenziert ein wärmerer, rötlich-ockriger Farbton die Eintönigkeit des gläsernen Käfigs. Die Krone des Radiator-Building nimmt Zwiesprache auf mit dem nachbarschaftlichen Schornstein, aus dem weiß-blauer Rauch wie ein Blütenkelch quillt. Die Lichter der Gaslaternen schweben wie magisch angezogene Leuchtkugeln zu einem karmesinroten Farbband hinauf, in das der Name »Alfred Stieglitz« eingraviert ist. Mit wechselnden Spots der Beleuchtung spielt sie auf der Klaviatur ihrer Farbtöne die rot-schwarz-braunen Tasten, greift mit weiß-blauen Farbklängen dazwischen. Indem sie das ganze Orchester nützt, um die warmen und hellen, die dunklen, düstren und kalten Melodien der Großstadt anzuschlagen, zaubert sie aus der Architektur Manhattans die Poesie der Metropole. Der harmonische Schwebezustand, der so entsteht, läßt in der Einsamkeit der Stadtlandschaft die der Natur widerklingen.

IX.
Die Malerin und die Blumen

Die zwanziger Jahre bestehen für die nun ständig in New York lebende Georgia O'Keeffe in einer Phase außerordentlicher Kreativität. Über 200 Blumenbilder malt sie zwischen 1918 und 1932 - und diese Bilder, in mehreren großen Ausstellungen zu sehen, werden von ihren Zeitgenossen mit unglaublicher Begeisterung aufgenommen. Nie zuvor schien man Blumen in einer ähnlichen Weise dargestellt gesehen zu haben. Es war wie eine Offenbarung (vgl. Taf. 10-21). Die Malerin stand im Zenit ihrer schöpferischen Entwicklung. Ihre Gemälde machten sie zu einer Berühmtheit des New Yorker und des amerikanischen Kunstlebens. Ja sie gewann durch ihre Persönlichkeit und die zahlreichen Photographien, auf denen Stieglitz sie darstellte, eine nahezu mythische Aura.

Die Blumenbilder von Georgia O'Keeffe stehen vor allem im Zentrum ihres Werks, weil sie geradewegs aus dem Zentrum ihrer Person kommen. Mag ihre enorme Wirkung wenigstens teilweise auch durch jene Mittelstellung zu erklären sein, mit der sie zwischen Darstellung und Abstraktion zu changieren scheinen. Spürbar war und bleibt für ihren Betrachter offenbar in aller fast verstörenden Sinnlichkeit jene spirituelle Kraft, die aus der Identität der Künstlerin stammt.

Mit ihren Blumenbildern hatte die Malerin sich gerade als Frau auf schwieriges Gelände begeben. Frauen und Blumen - das schien und scheint auch in unseren aufgeklärten Gesellschaften noch ein definiertes Verhältnis zu sein: Die Frau ist wie eine Blume, pflanzenhaft, verwurzelt, blühend-verblühend. Blumen werden zu Symbolen, Allegorien, Metaphern, Sinnbildern für die Frau - und ganz besonders natürlich für das junge Mädchen, die Jungfrau, Freundin, Geliebte.

Was die Dichter zum Verhältnis Eros und Frau im Lauf der Geschichte beigesteuert haben, liest sich wie ein einziger riesiger poetischer Blumenladen. Lilien stehen für die Reinheit des Weibes, Rosen für die Sinnlichkeit, die Akelei für Spiritualität und - Fruchtbarkeit. Salomon in seinem Hohen Lied entrollt einen ganzen Blumenteppich vor der Angebeteten, um ihre Schönheit zu preisen. Der Minnesang umwindet seine Herzensdame mit Blumengirlanden, und die Romantiker überreichen ihr im Traum die »blaue Blume« ihrer Sehnsucht. Selbst das ganz unpoetische Ziel aller wortreichen Beschwörungen wird gern »durch die Blume« angesprochen. Goethe schafft es in »Sah ein Knab ein Röslein stehn«, die Tat der Vergewaltigung im blumigen Volksliedton zu besingen. Und auch der surrealistische Maler-Poet Paul Eluard bekundet, daß »man«, bei aller Antikunst, an der Tradition blumenpoetischer Frauenverherrlichung festhält: »Deine Brüste, alle Düfte eines Straußes von Veilchen und Jasmin...«

Ganz unverständlich sind die Assoziationen keineswegs. Die sinnliche Farbenvielfalt, Farbintensität der Blüten, die oft betörenden Düfte, ihr unscheinbares Reifen und ihr Erblühen über Nacht, kurz: ihre zwecklos sinnliche Schönheit beflügelte männliche Phantasien auf das heftigste. Die Identifizierung schwacher, wehrloser Pflanzen mit dem zarten Wesen und Körper der Frau rief die Beschützerinstinkte des Mannes hervor – zumal sich im natürlichen Kreislauf von Aufsprießen, Knospen, Erblühen und Verwelken die Vergänglichkeit der Schönheit dem »schwachen Geschlecht« gern allein mitleidsvoll aufbürden ließ.

Noch bevor Frauen selbstverständlich als Künstlerinnen anerkannt waren, scheint das Blumen-Stilleben ihnen als Sujet bereits zuerkannt worden zu sein. »Unzweifelhaft«, schreibt Germaine Greer, »übt das Malen von Stilleben eine Anziehungskraft auf Frauen aus.«[23] Das jedoch, so erklärt Greer, liege keineswegs vor allem an der Faszination durch eine sozusagen naturwüchsige Verwandtschaft – sondern vielmehr daran, daß Frauen aufgrund ihres selbstverständlichen Umgangs mit den Gegenständen und Erfahrungen ihres Alltags eben auch in der Kunst auf diese zurückgriffen.

Während den an Humanismus und Idealismus orientierten Künstlern von der Renaissance an das Malen von Blumen oder Früchten gegenüber der Sinnstiftung durch historische, religiöse, mythologische und allegorische Figurenbilder oft als zweitrangig galt, entwickelte sich das realistisch-exakte, wissenschaftliche bzw. klassifikatorische Interesse an der Natur, besonders auch der Botanik, nur langsam und sozusa-

gen im Wintergarten. Außer zum Beispiel Albrecht Dürer mit seinem Rasenstück und seiner Akelei ist es bemerkenswerterweise eine Künstlerin wie Maria Sibylla Merian (1647–1717), die früh aus dem Kanon der bildwürdigen Sujets ausbricht und der unbeachteten Natur von Pflanzen und Tieren durch akribische Erfassung wie ästhetische Gestaltung ihre ungeteilte Aufmerksamkeit widmet. Was wir heute als höchst aktuelle Darstellung eines ökologischen Netzes zwischen Luft, Pflanzen, Insekten, Erde und dergleichen würdigen (in das einbezogen wir uns Menschen endlich wieder zu begreifen suchen) – zu seiner Zeit und dank der Nüchternheit seiner Urheberin kam es so unprätentiös daher, daß auch seine künstlerisch-gesellschaftliche Qualität lange der naturwissenschaftlichen Interpretation völlig untergeordnet blieb.
Wenn Malerinnen der Moderne wie etwa Hannah Höch oder Tamara de Lempicka, unbekümmert um das den Blumen schwärmerisch verliehene Geschlecht, diese Gewächse als geradezu gleichgültige, hochstrukturierte Sujets auffassen oder aber als Teil organischer Ordnungssysteme in der Natur ästhetisch gestalten, so stehen sie damit vielleicht eher in einer wirklichen Tradition des künstlerischen Verhältnisses von Frauen und Natur.
Georgia O'Keeffes vitales Interesse an der Natur, verwurzelt in Kindheit und Jugend, mindert sich auch in ihrer New Yorker Zeit nicht. Nicht nur verbringt sie in diesen Jahren oft ganze Wochen oder gar Monate, mit und ohne Stieglitz, malend in Lake George, gelegentlich auch in Maine, Connecticut und anderen Landstrichen. Was sie gespeichert hat an Natur und Kosmos in all den Jahren von Wisconsin, Virginia oder Texas, läßt ihre Phantasie auch im Beton der Metropole unbeirrt erblühen. Echte Pflanzen und Blumen in ihrem Atelier bleiben als Modelle selbstverständlich ebenso unentbehrlich.
Das Interesse der Malerin gilt der Landschaft, dem Himmel und dem Licht, es gilt den Feld-, Wald- und Wiesenblumen, ihren Blättern und Blüten, gilt Sträuchern und Bäumen, ihren Reflexen und Schattierungen. O'Keeffe scheint keine Rangordnung zu kennen zwischen dem einfachen Grashalm und den exotischen Blütendolchen von Calla oder Amaryllis. Mohnblumen, Petunien, Orchideen und Apfelblüten, Lilien, Zinnien, Tulpen, Nelken und Flieder, Schachtelhalm und Schwertlilie,

Weihnachtsstern und Rittersporn, Winden und Wicken, Narzisse, Kamille, Iris, Hibiskus, Schlüsselblume und Vergißmeinnicht, gelber Kaktus und dreiblättriger Zeichenwurz, dazu die Blätter der weißen Birke, des Ahorn, der Tabakpflanze und der Bananenstaude - alles und alle finden Platz im phantastischen Garten der Künstlerin, ihrem malerischen Kosmos, ihrem künstlichen Paradies!
Ist es nicht bezeichnend für Georgia O'Keeffe, welche konzentrierte Aufmerksamkeit und malerische Intensität sie gerade auch einem Gewächs schenkt, das, bereits von Linné mißachtet, selbst den floralen Fetischisten der Viktorianischen Epoche als Unkraut galt und dem schon durch seinen umgangssprachlichen Namen jegliche Bukettwürdigkeit hämisch abgesprochen wird: dem »skunk cabbage«, Stinktier-Kohl also, dem sie eine ganze Serie von Bildern, sowohl Zeichnungen als auch farbige Darstellungen, widmet und an denen sich beispielhaft wie selten ihre Technik der Entwicklung von der Naturstudie bis zur abstrakten Form beobachten läßt.[24]
Im Jahr ihrer Eheschließung mit Alfred Stieglitz, 1924, malt Georgia O'Keeffe ihr erstes »großes« Blumenbild im Sinn der überdimensionalen Vergrößerung des Sujets. Dieses Werk hatte eine einzigartige Wirkung, schien seine Betrachter geradezu in Bann zu schlagen. Die Künstlerin hat den stupenden Stil, die vermeintlich raffinierte Methode, als Fünfzigjährige später mit eindrucksvoll nüchternen Worten als einen höchst einfachen Vorgang und Akt beschrieben:
»Eine Blume ist ziemlich klein. An eine Blume denken, sich eine Blume vorstellen - das kann allerlei bedeuten. Man streckt die Hand aus, um die Blume zu berühren, bückt sich, um ihren Duft zu erfahren - berührt sie vielleicht mit den Lippen, ohne sich dessen bewußt zu sein - oder verschenkt sie, um jemandem eine Freude zu machen. Und doch, kaum jemand sieht eine Blume wirklich - sie ist so klein -, wir haben einfach nicht die Zeit dazu. Denn etwas anschauen heißt sich dafür Zeit nehmen. So wie man sich für einen Freund Zeit nimmt. Wenn ich eine Blume genau so malen könnte, wie ich sie sehe, würde niemand genau das sehen, was ich sehe - weil ich sie klein malen würde, so klein, wie sie ist. Also habe ich mir gesagt: Ich male, was ich sehe - was die Blume für mich ist. Aber ich male sie ganz groß und

bringe so die Leute dazu, sich die Zeit zu nehmen, sie anzuschauen...«[25] O'Keeffes fast naiv wirkende methodische Begründung erweist in den Bildern erst ihre Hintergründigkeit. Das derartig vergrößerte Sujet bleibt ja bei dieser Umformung keineswegs dasselbe, nur eben erheblich größer! In Wirklichkeit, das heißt auf der Leinwand, geht dieser Prozeß einher mit einer subtilen artifiziellen Aneignung durch das Spiel der Linien und Farben, der Licht- und Schatten-Valeurs, der Dynamisierung eines vermeintlich passiven Gegenstands. Eindringlich im buchstäblichen Sinn – in das Sujet schamlos eindringend, ohne es zu verletzen, es seiner ästhetischen Unschuld zu berauben – nähert sich die Malerin dem Lebewesen Pflanze, scheint diese zunächst eher mit dem nüchternen Auge der Naturwissenschaftlerin zu untersuchen, als mit dem sentimentalen Blick der Naturschwärmerin zu verherrlichen. Wahrscheinlich ist es gerade dieser Widerspruch, der die ästhetische Hypertrophie der Bilder auf viele Betrachter fast wie einen Überfall auf ihre Sinne wirken ließ, Verwirrung, Beirrung, Schocks auslöste. Wie mit der objektiven Linse der Kamera zoomt Georgia O'Keeffe ihre Objekte zu sich, zu uns heran und beäugt fast kühl diese Wunderwelt einer verborgenen Natur: Blütenblatt, Kelch, Stempel, Fruchtboden, Fruchtkapseln und Samenfäden – ein jedes nach Maserung, Farbstufen und dreidimensionaler Gestalt sorgsam wie unter dem Mikroskop erfaßt. Was jedoch eben durch diesen nüchternen Blick zur Farbtafel aus dem botanischen Lehrbuch verkommen könnte – durch die Person der Künstlerin und vor unseren Augen verwandelt ihre eigene Überwältigung angesichts des unendlichen Reichtums der Farben und Formen, ihre Neugier auf ewig neue Gesetzmäßigkeiten, ihr unendliches Erstaunen vor der Schönheit der Natur die Pflanze in ein Artefakt, den festen Gegenstand in abstraktes Spiel, Natur in Kunst. Weit davon entfernt, eine Blume photographisch exakt wiederzugeben, reduziert die Malerin deren Formen permanent, abstrahiert sie zu fast monumental wirkenden Grundformen. Ein eigener Kosmos entsteht aus Faltungen, Bögen, Wölbungen, Kapillaren, Kapseln – nonverbale Mitteilungen scheinen archaischen Spuren eingeschrieben.

O'Keeffes Blüten stehen im Zenit ihrer Schönheit. Die Malerin, zumindest in dieser Periode ihres Schaffens, liebt die volle Blüte, diese prachtvolle, knapp bemessene Feier von Leben, Lebendigkeit! Werden, Wachsen und Vergehen, Keimlinge, Wurzeln und Frucht – in dieser Zeit interessieren sie die Dreißig- bis Vierzigjährige kaum. Ob sie ahnt, daß sie alt genug werden wird, um auch dem »Stirb und Werde« noch genügend künstlerische Hingabe zu schenken?

Die Farbpalette der Künstlerin ist einerseits von klaren, starken Farbtönen, Farbflächen bestimmt, gleichzeitig arbeitet sie mit pastellfarbenen, lichten, ja lasziven Schattierungen und Lasuren. Es dürfte diese eigenartig changierende Mischung sein, die als eine Art erotische Balance gerade von den Blumen der Künstlerin ausgeht. »O'Keeffes Blick war in ihnen, und auf diese Weise malte sie immer sich selbst.«[26]

X.
Zwischen den Welten

Georgia O'Keeffes Blumenbilder der zwanziger Jahre rissen die Betrachter zu schwärmerischen Reaktionen hin und veranlaßten selbst die Kunstkritiker zu überschwenglichen Rezensionen. Ihre Reinheit der Farben, die Zerbrechlichkeit ihrer Formen und die ästhetische Ausbalanciertheit der Kompositionen wurden als beispiellos angesehen. Ihre Sinnlichkeit, Sinnenlust schien erotische Phantasien und mystisch-meditative Haltungen gleichermaßen auszulösen.

Alfred Stieglitz trug zu ihrem Ruhm nicht allein durch die Ausstellungen bei, in denen er, auch nach Schließung seiner Galerie »291«, zunächst andernorts, später wieder in eigenen Räumen, das Werk seiner Frau den Liebhabern der modernen Kunst unermüdlich unterbreitete. Als Photograph und Verehrer ihrer Kunst war er fasziniert von O'Keeffes Ausstrahlung, die er in immer neuen Photographien zu fixieren, umzusetzen, auszudrücken versuchte. Schon für eine 1921 veranstaltete Einzelausstellung seiner Photographien wählte Stieglitz über ein Drittel Exponate aus, auf denen Georgia O'Keeffe zu sehen war. Die

teilweise sehr privaten, ja intimen Bilder ihres Gesichts, ihres Körpers und ihres Habitus, die bei seiner Arbeit entstanden, stellte Stieglitz häufig aus – übrigens in vollkommener Übereinstimmung mit der Künstlerin, die darin, ihrer gänzlich unprüden Einstellung gemäß, eine absolut künstlerische Objektivität sah.
In der Wechselwirkung von eigenem Werk und photographischem Portrait erlangt die Malerin bald den Bekanntheitsgrad einer Journal-Schönheit. Dabei steigert sich diese Prominenz noch durch ihre diskrete, unspektakuläre, arbeitsintensive Lebensführung, durch ihr diszipliniert bis asketisch wirkendes äußeres Erscheinungsbild und ihre entschiedene Zurückhaltung im Kunstbetrieb, gar Medienrummel. Georgia O'Keeffe wurde zum Mythos.
Gegen Ende der zwanziger Jahre ist Georgia O'Keeffe in New York eine Berühmtheit. Sie lebt in der Stadt, die sie liebt und deren Architektur, wie viele ihrer Bilder bekunden, sie auch künstlerisch inspiriert. Durch Ausstellungen, Ankäufe und Presseresonanz wird ihr fast einhellige Anerkennung zuteil. Neben ihrer eigenen schöpferischen Tätigkeit erfährt sie die Befriedigung einer kreativen Zusammenarbeit mit dem Lebenspartner, beides eingebettet ins anregende Umfeld eines künstlerischen, kosmopolitischen Freundeskreises. Andererseits wächst O'Keeffes Abneigung gegen die fast schon rituellen jährlichen Ferien in Lake George, die man zusammen mit der Familie und engeren Verwandtschaft von Stieglitz verbringt. Dazu kommt allmählich Unzufriedenheit mit der puritanischen Ostküsten-Mentalität. Der Umstand schließlich, daß Stieglitz seiner Frau den schon lange schwelenden Wunsch nach einem Kind ausredet, hinterläßt bei O'Keeffe höchst ambivalente Gefühle, die den Abstand zum fast 25 Jahre älteren Partner noch vergrößern. Wie in früheren Zeiten spürt die Malerin langsam, wie ihre innere Unruhe wächst.
Im Frühjahr 1929, eingeladen von Mabel Dodge Luhan, macht Georgia O'Keeffe sich auf die Reise nach Taos im Bundesstaat New Mexico. Es ist ein Ort, der schon von der Jahrhundertwende an zahlreiche amerikanische Künstler angezogen hat. Während Maler und Photographen aus der Metropole jedoch in der Regel hier nur Urlaub machen und dieses oder jenes Motiv aufspüren, wird O'Keeffe durch die einmalige

Landschaft schlagartig wieder von ihrer urtümlichen Sehnsucht nach der starken, archaischen Natur überfallen. Mehrmals kehrt sie in den folgenden drei Jahren in die Region zurück – schweren Jahren, die durch Zerwürfnisse mit Stieglitz, durch Krankheit, Depression, einen Nervenzusammenbruch und psychiatrische Behandlung gekennzeichnet sind.

Von 1933 an verbringt die Künstlerin jeweils das halbe Jahr in New Mexico, wo sie in der Ghost Ranch bei Abiquiu bald einen passenden Aufenthaltsort entdeckt. Das Jahr 1946 schließlich markiert den vielleicht letzten größeren Einschnitt im Leben der nun knapp 60jährigen: Während das New Yorker Museum of Modern Art der Künstlerin die erste große Gesamtausstellung widmet, stirbt Alfred Stieglitz, der Lebenspartner – der trotz aller Schwierigkeiten und Entfernungen die für sie menschlich und künstlerisch wichtigste Person ihres Lebens geblieben war. O'Keeffe ordnet in den darauffolgenden Jahren seinen Nachlaß (und verzichtet dafür erstmals in ihrem künstlerischen Leben weitgehend auf das eigene Schaffen): 850 moderne Kunstwerke und Hunderte von Photographien gehören zu dieser bedeutendsten Sammlung der europäischen und amerikanischen Avantgarde, daneben ca. 50 000 Briefe und andere schriftliche Zeugnisse. Nach Beendigung dieser Arbeit kehrt die Malerin 1949 endgültig auf ihre Hazienda in Abiquiu zurück, die sie kurz zuvor gekauft hatte und in den folgenden Jahren sorgfältig nach ihren Vorstellungen gestaltet.

In den fünfziger und sechziger Jahren unternimmt Georgia O'Keeffe zahlreiche Reisen: nach Mexiko, Peru und – erstmals – nach Europa, wo sie vor allem bewegt ist von den Schätzen des Louvre, der Spiritualität von Chartres, von Goyas Œuvre und der italienischen Frührenaissance. Noch mit 72 Jahren fährt sie um die Welt – und begeistert sich 74jährig an einer 300 Kilometer langen Floßfahrt.

Die vielen förmlichen Ehrungen, die über sie von den dreißiger Jahren an »hereinbrechen« – Ehrendoktorate, Akademie-Mitgliedschaften, Retrospektiven und dergleichen –, können sie in ihrem Schaffen weder so noch so beeinflussen: Malen in New Mexico – das ist ihr Leben. Am 6. März 1986 ist Georgia O'Keeffe im Alter von 98 Jahren in Santa Fe gestorben.

XI.
Zurück zur Natur: New Mexico

New Mexico wird für Georgia O'Keeffe zu einer schier unerschöpflichen Inspirationsquelle, aus der sich die Werke ihrer zweiten Lebenshälfte speisen: New Mexico, das sich dem Betrachter in einer so einmaligen Naturschönheit offenbart, daß man sie unmittelbar für ein Kunstwerk halten kann. »Eine Landschaft«, stellt die Malerin bewundernd fest, »wo die halbe Arbeit schon getan ist.«[27] Der südöstliche Grenzstaat der USA besteht noch weitgehend aus Landschaften, denen unsere Zivilisation wenig hat anhaben können – in denen vielmehr die kosmischen, geologischen und ökologischen Kräfte die Spuren ihres Jahrtausendwerks so hinterlassen haben, daß sie auch die bemessene irdische Lebensdauer von Menschen und Gesellschaften in Erinnerung rufen.

Die Künstlerin, die in diese Landschaft geht und in ihr aufgeht, entdeckt deren Schichten und Geschichten, sieht, wie Regen und Wind ihre Strukturen in die Oberfläche gekerbt, unterirdische Beben Furchen, Gräben und Schluchten in Gebirgsmassen geschmettert haben. Ausgeglühte Krater mit fossilen Relikten und ausgetrocknete Meeresböden mit versteinerten Muscheln oder den Abdrücken von Fischskeletten erzählen von einer kosmologischen Urgeschichte und verdorrte Baumstümpfe von jener einst blühenden Vegetation, in der riesige Tierherden weideten – jetzt zu Knochen und Schädeln gebleicht. Diese Landschaft zwingt Kunst in ihre archaische Dimension.

Georgia O'Keeffe, der schroffen, menschenabweisenden Natur ausgesetzt, tritt den Gang zurück in ihre eigene Kindheit an – und findet den Kosmos ihrer eigenen schöpferischen Quellen wieder. Mit dem kreisblauen Himmelsfleck, den sie durch das Loch eines tierischen Beckenknochens sieht (Taf. 35), dem gleißenden Sonnenlicht, das sie durch das Astgewirr eines Baumes beobachtet, spielt sie das Spiel, das schon das Kind auf der »Sun Prairie« in Wisconsin erfand. Wie in einem Brennglas sammelt O'Keeffe jetzt das flimmernde Licht zu einem einzigen Farbball, fängt die Unendlichkeit des spirituellen Blautons ein in den knöchernen Monumenten von Vergänglichkeit, die durch die Landschaft tänzeln (Taf. 29). In den feinziselierten Rissen und Spalten der gebleichten Knochen, ihren subtil differenzierten Farbnuancen, wird das Fundstück der Landschaft zu ihrem Palimpsest. Verwitterte Kreuze stehen, in der Aura ihrer düsteren Herkunft, wie drohende Botschaften der Vorgeschichte in der Natur (Taf. 23). Die Bewegung einer Talsenke, reduziert auf ein einziges abstraktes Zeichen, wird im Schwung einer Linie fixiert.

Ein anderer tiefer Eindruck geht für die Künstlerin von den Pueblos der Navajos aus, die seit vielen Jahrhunderten hier ansässig sind. Die Klarheit der indianischen Architektur setzt sie in einfache, ruhige Kuben um, die sie aus Häusern und Kirchen aufschachtelt. Sie nehmen die Ruhe der natürlichen Umgebung in Farbe und Form auf, werden eins mit ihr, eins mit jener Lebensart, die sich im Einklang mit der Natur weiß (Taf. 24).

Selten malt O'Keeffe Landschaften als Panorama, aus der Vogelperspektive. Wie bei den Blumenbildern liebt sie die Nähe zum Gegenstand, die Berührung seiner Materie. Kunstvoll zieht sie ein Gebirge zu sich heran, meißelt ihm Täler und Spalten ein, Falten, Narben und Blessuren, bis es an menschliche Körper denken läßt. Oft verknüpft sich die hautnahe Behandlung der Materie mit der Weite eines azurblauen Himmels, in dem der Horizont in Unendlichkeit, Zeitlosigkeit entrückt scheint. In Balanceakten wird materielle Körperlichkeit in einen transzendentalen Raum aufgehoben.

O'Keeffes Vermittlung von absoluter Nähe und unendlicher Ferne als künstlerisches Stilmittel steht in spannungsvoller Beziehung zu einem Wechsel der Proportionen. Ihre Fundstücke – Knochen, Schädel, Schneckengehäuse – rückt sie häufig mit solch monumentaler Wucht ins Zentrum einer Landschaft, daß alles darum herum klein und unbedeutend erscheint. Die Monumentalisierung dieser prähistorisch anmutenden Relikte inthronisiert sie als »memorials«, als Archetypen der südwestamerikanischen Landschaft und amerikanischer Ursprungsgeschichte.

Geschichte, Prähistorie, Vergänglichkeit werden selbst zu Schichten des

O'Keeffe'schen Spätwerks. Indem sie die künstliche Blume als typischen Grabschmuck des trockenen Landstrichs in die zerbrochene Hirnschale des Tierschädels pflanzt, präsentiert sie das Stilleben – kaum zufällig in Anspielung auf die leuchtenden Blüten ihrer eigenen Reifezeit – als Ikone der Vergänglichkeit. Der Blick auf die Windungen eines überdimensionalen Schneckengehäuses hebt die Vergänglichkeit im natürlichen Zusammenhang auf: die Bewegung der Spirale führt die Geradlinigkeit unserer linearen, finalen Zeitmodelle zurück in den zyklischen Zeitablauf des Kosmos. »Ihre Bilder«, schreibt Erika Billeter über diese letzten Werke, »werden zu Metaphern der Zeit – einer metaphysischen Zeit, die die Gegenwart und die Urzeit zugleich umfängt.«[28]

Am Tag nach ihrem Tod im März 1986 wurde Georgia O'Keeffe, auf eigenen Wunsch ohne Begräbnisfeier und Gedenkgottesdienst, verbrannt. Ihre Asche wurde über die Landschaft gestreut, in der sie immer schon zu Hause war.

Anmerkungen

1 Erika Billeter, »Georgia O'Keeffes Bilder«, in: *du - Die Zeitschrift für Kunst und Kultur,* 5/1987, S. 34

2 Judy Chicago, *The dinner party,* Ausstellungskatalog Frankfurt, 1987, S. 97/98

3 Einige Quellen (z. B. Ausstellungskatalog *Women artists 1550 - 1950,* A. Knopf, New York 1976, S. 300) weisen darauf hin, daß dieser berühmt gewordene Satz: »Endlich! Eine Frau auf Papier!« nicht im ersten Brief von Pollitzer an O'Keeffe steht, sondern später eingefügt wurde.

4 Ausstellungskatalog *Künstlerinnen des 20. Jahrhunderts,* Wiesbaden 1990, S. 248

5 Ausstellungskatalog *Women artists* (s. Anm. 3), S. 302

6 Bei einer Umfrage in einigen der wichtigsten deutschen Museen ergab sich, daß bislang kein Bild von Georgia O'Keeffe für eine dieser Sammlungen erworben wurde.

7 Laurie Lisle (s. Literaturhinweise), S. 22

8 Lisle, a. a. O., S. 22

9 Roxana Robinson (s. Literaturhinweise), S. 18/19

10 Robinson, a. a. O., S. 46. »I'm going to give up everything for my art«, kündigte Georgia O'Keeffe beim Schulabschluß ihren Mitschülerinnen an.

11 Georgia O'Keeffe, a. a. O., in: *A Studio Book* (s. Literaturhinweise), o. S.

12 Lisle, a. a. O., S. 63

13 Robinson, a. a. O., engl. Originalzitat, S. 103

14 Zit. n. Lisle, a. a. O., S. 71

15 Zit. n. Lisle, a. a. O., S. 72

16 Zit. n. Lisle, a. a. O., S. 73

17 Zit. n. Lisle, a. a. O., S. 75

18 Vgl. Lisle, a. a. O., S. 79

19 Zit. n. Robinson, a. a. O., S. 139

20 In Henry Peach Robinsons Buch *Picture making by photography* geht er ausführlich auf Methoden ein, im präraffaelitischen Stil zu photographieren. Der Maler Gustave Courbet wiederum benutzt Meeres- und Wolkenphotographien von Gustave Le Gray als Vorlagen für seine Meeresbilder.

21 Robinson, a. a. O., S. 176/177

22 Georgia O'Keeffe, engl. Originalzitat in: *A Studio Book* (s. Literaturhinweise), o. S.

23 Germaine Greer, *Das unterdrückte Talent,* Berlin, Frankfurt, Wien 1979, S. 227

24 Vgl. Charles C. Eldredge: »Skunk Cabbages, Season and Series«, in: Goethals (s. Literaturhinweise), S. 26–43

25 Georgia O'Keeffe: *About myself,* zit. n. Callaway (s. Literaturhinweise), S. 2

26 Callaway, a. a. O., Schlußtext, o. S.

27 Billeter (s. Anm. 1), S. 24

28 Billeter, a. a. O., S. 51

Tafeln

Die Gemälde wurden, sofern nicht anders angegeben,
in Öl auf Leinwand ausgeführt.

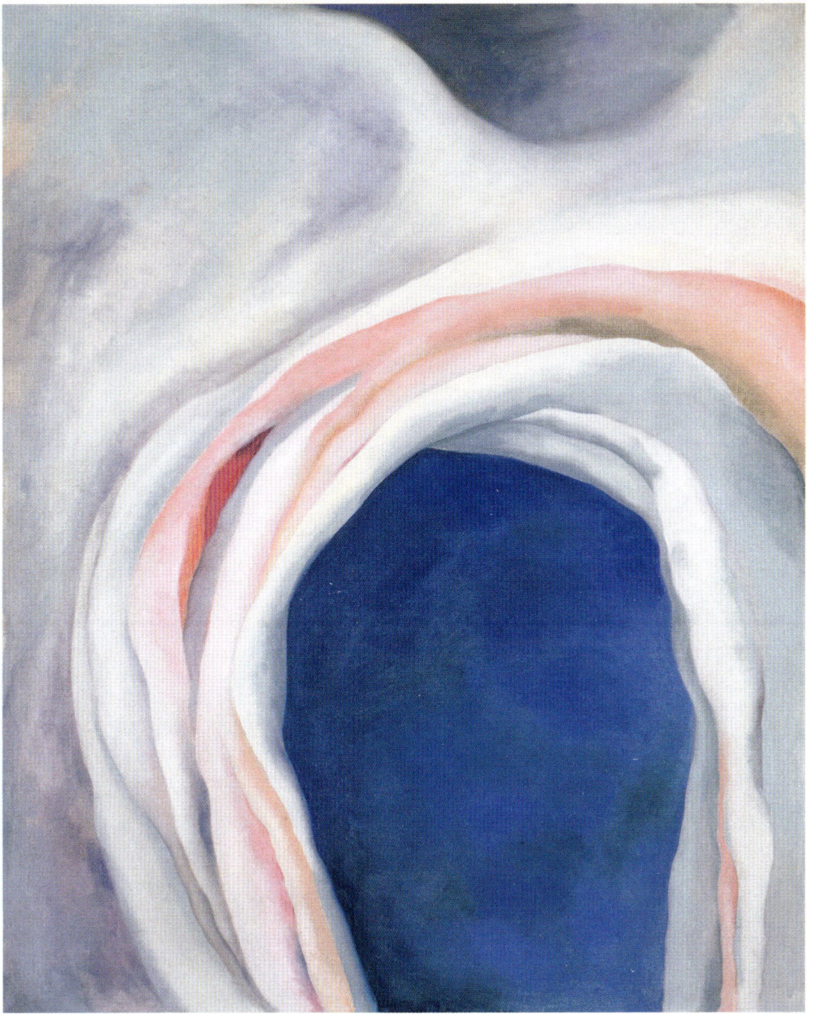

1 *Music - Pink and Blue I* 1919
89 x 73,6 cm
Aus der Sammlung von Mr. und Mrs. Barney A. Ebsworth

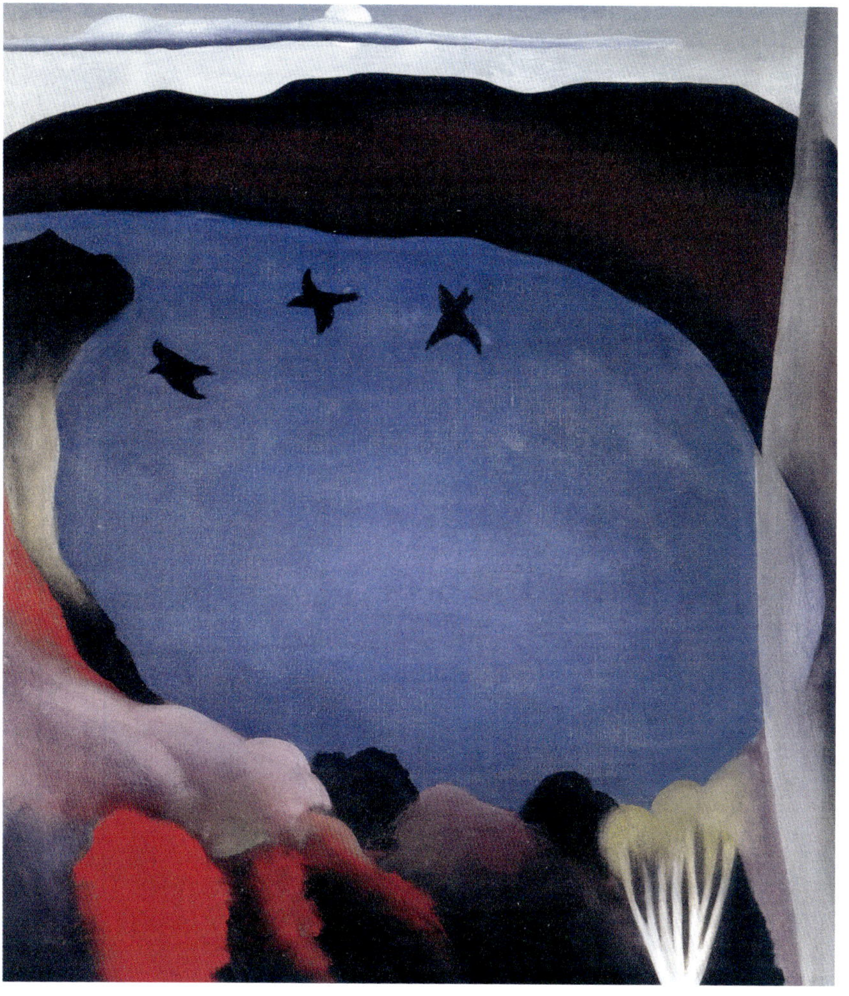

2 *Lake George with Crows* 1921
72,4 x 63,5 cm
Nachlaß Georgia O'Keeffe

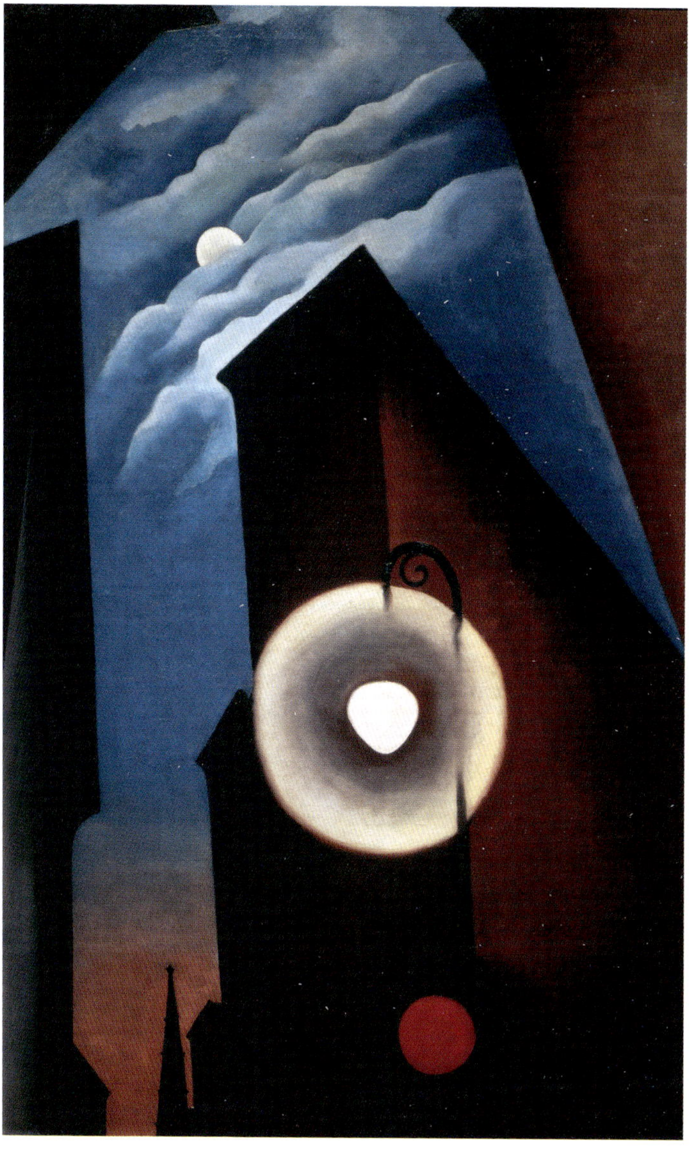

3 *New York with Moon* 1925
122 x 77 cm
Sammlung Thyssen-Bornemisza

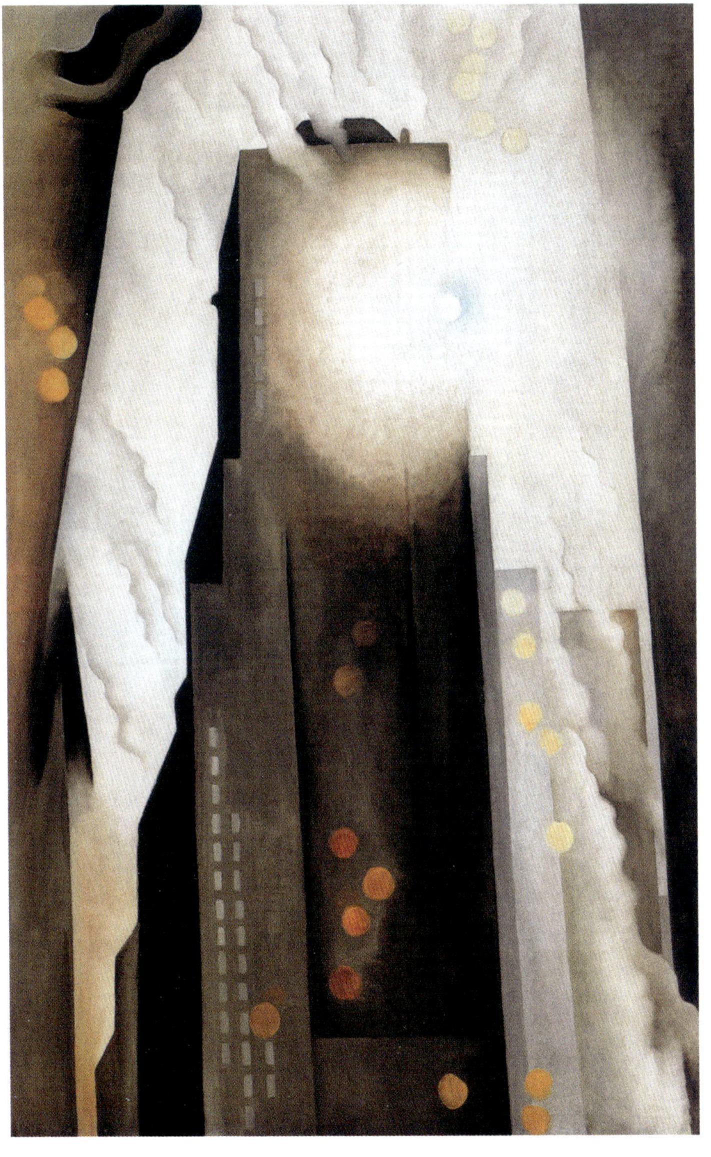

4 *The Shelton with Sunspots* 1926
123,2 x 76,8 cm
The Art Institute of Chicago, Schenkung Leigh B. Block, 1985.206

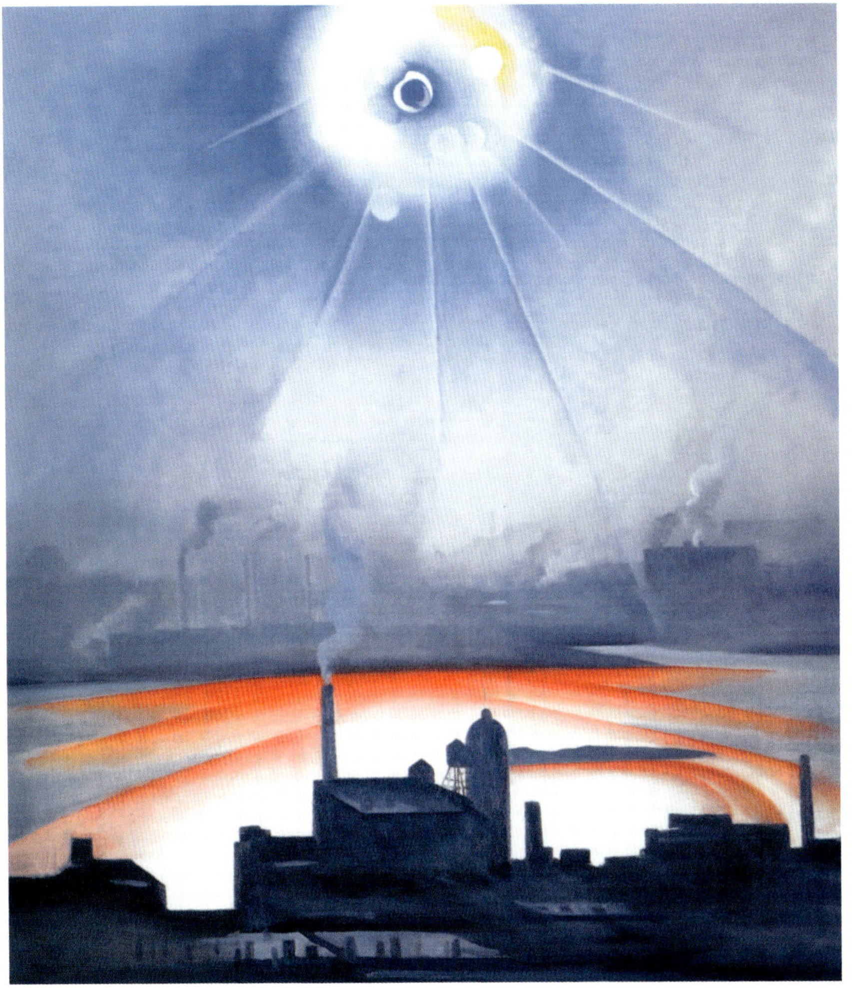

5 *East River from The Shelton* 1927–28

68,7 x 55,7 cm

Sammlung des New Jersey State Museum,

Ankauf der Association for the Arts des New Jersey State Museum

mit einer Schenkung von Mary Lea Johnson, FA 1972.229

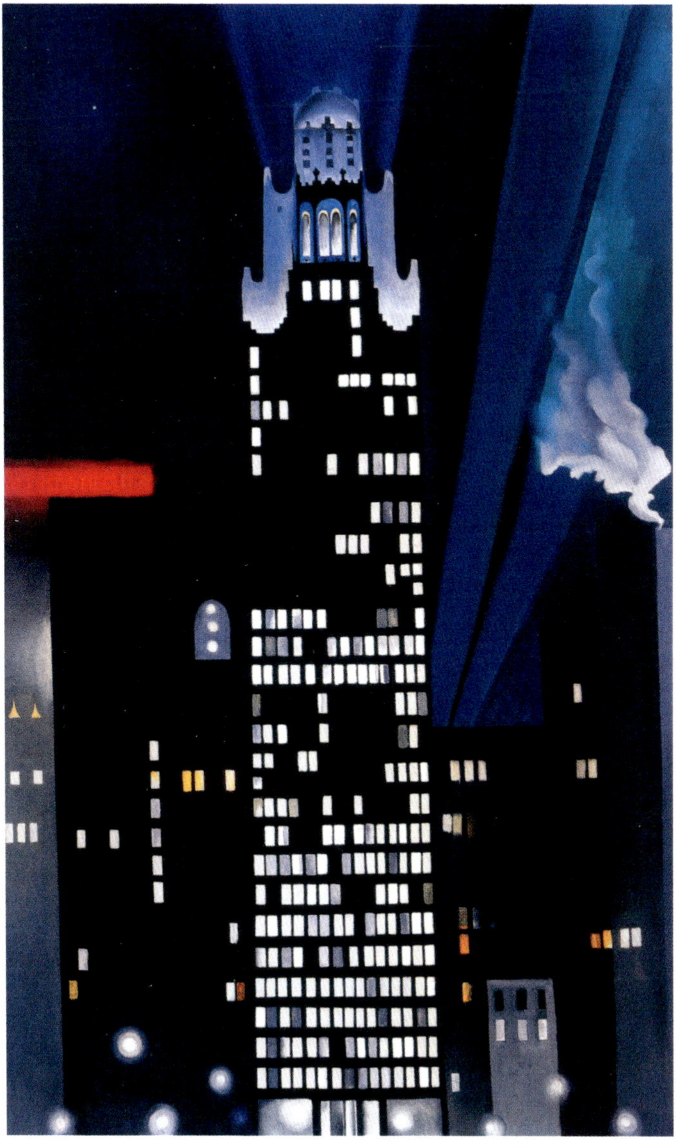

6 *Radiator Building - Night, New York* 1927
122 x 76,2 cm, Sammlung Alfred Stieglitz, The Carl Van Vechten Gallery of Fine Arts, Fisk University, Nashville, Tennessee

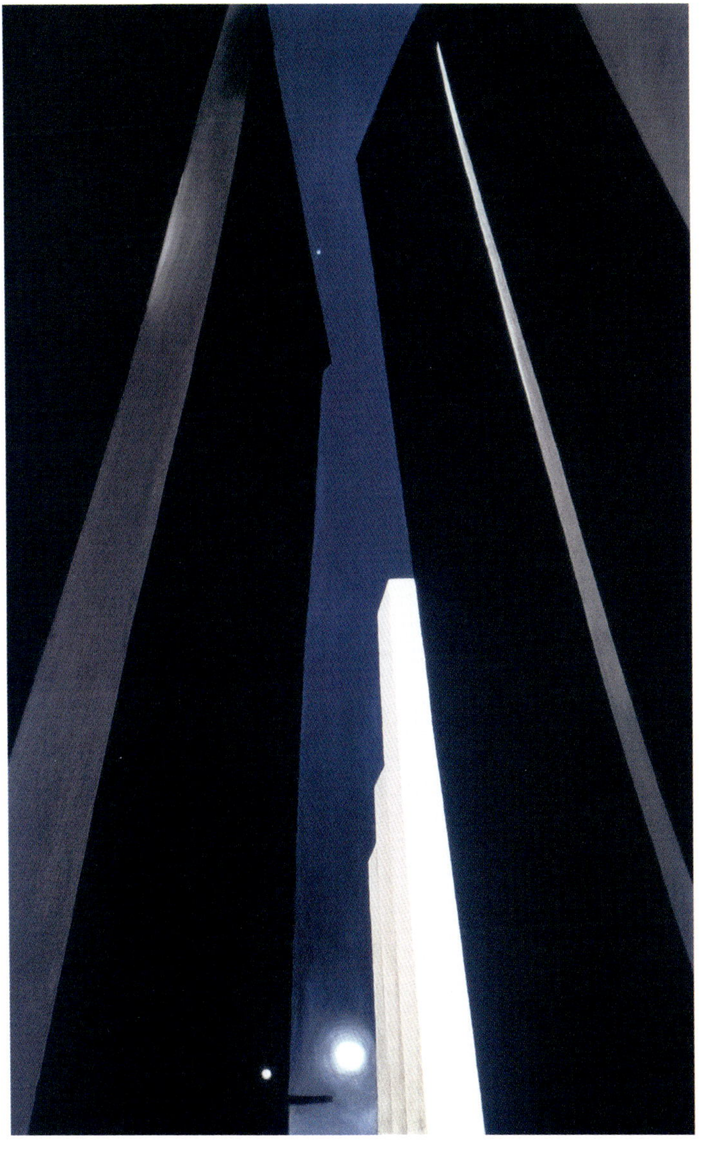

7 *City Night* 1926
122 x 76,2 cm
Nachlaß Georgia O'Keeffe

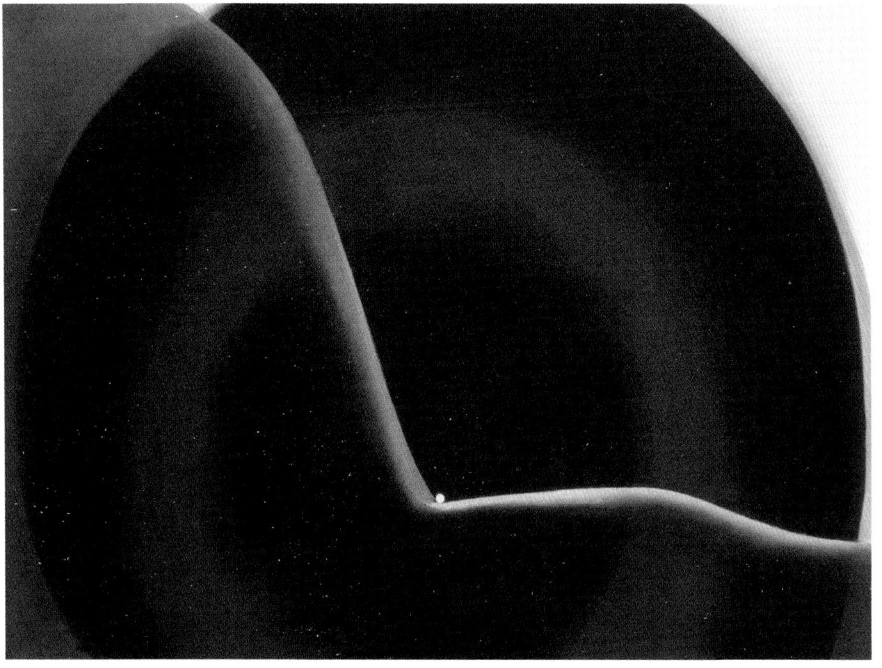

8 *Black Abstraction* 1927

76,2 x 102,2 cm

Sammlung Alfred Stieglitz, The Metropolitan Museum of Art, 1969

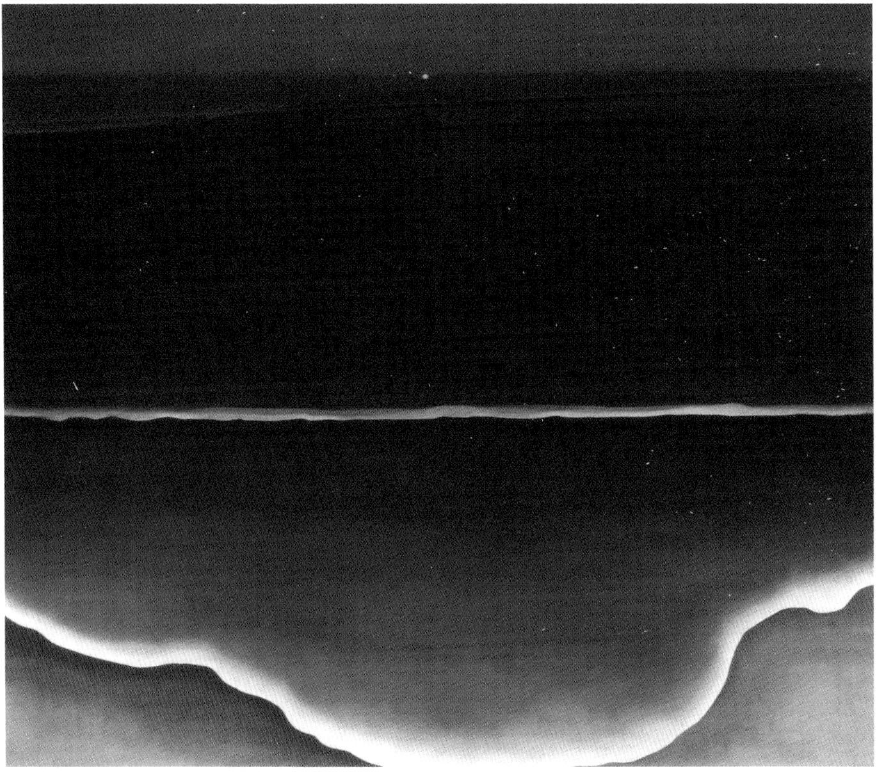

9 *Wave, Night* 1928

76,2 x 91,4 cm

Addison Gallery of American Art, Phillips Academy, Andover, Massachusetts, Schenkung Charles L. Stillman

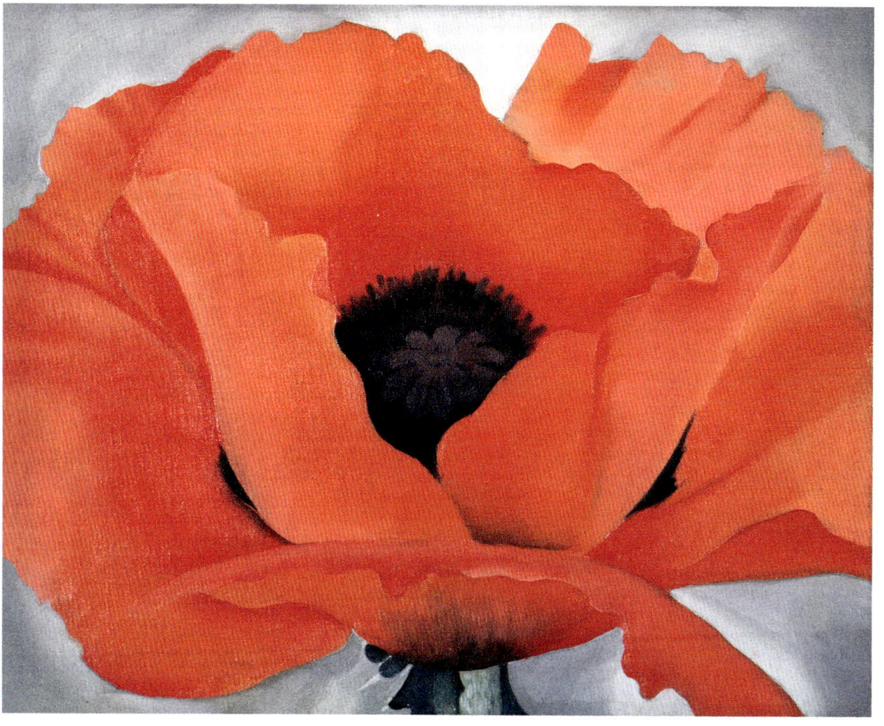

10 *Red Poppy* 1927
17,8 x 22,9 cm
Privatsammlung

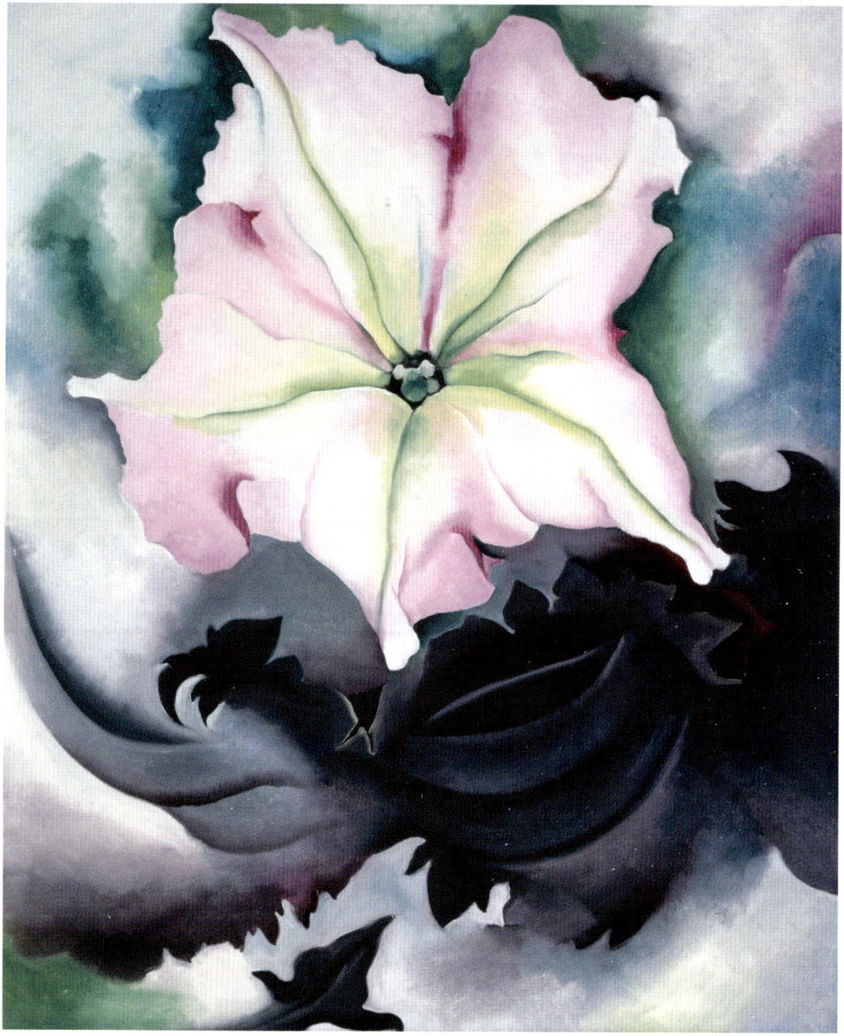

11 *Petunia and Coleus* 1924
91,4 x 76,2 cm
Privatsammlung

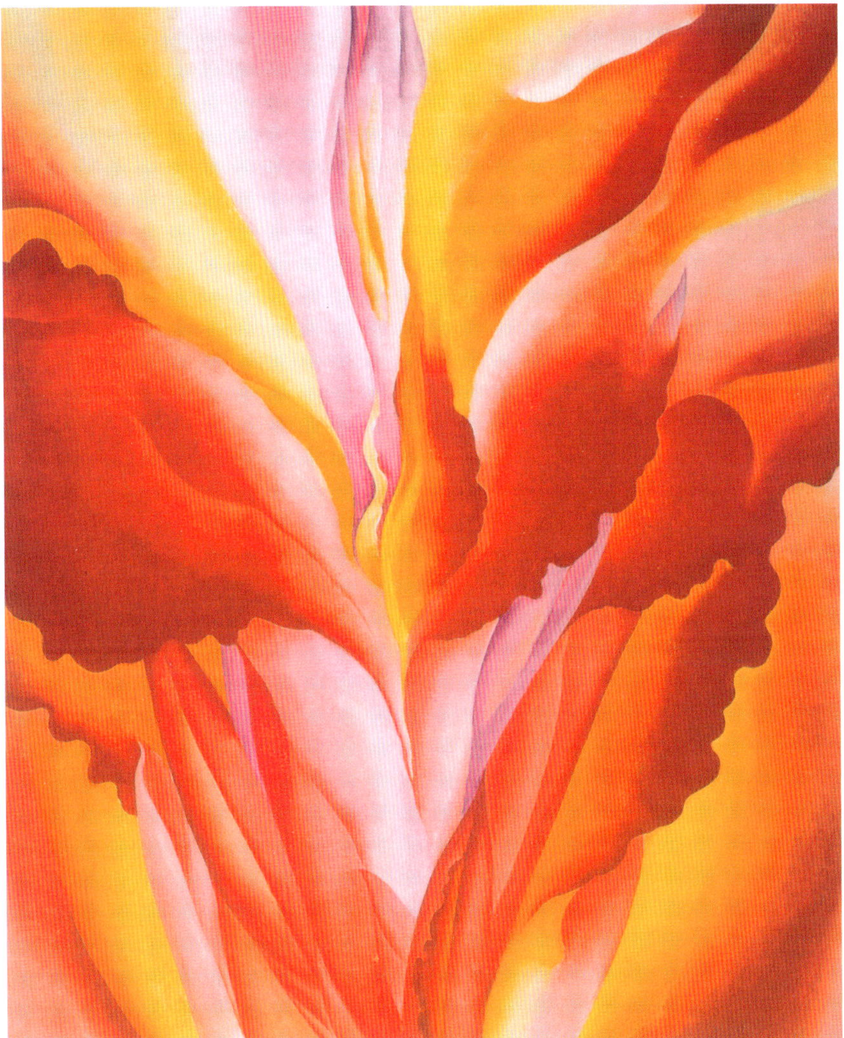

12 *Red Canna* ca. 1924
91,4 x 76 cm
Sammlung des University of Arizona Museum of Art,
Tucson, Schenkung Oliver James

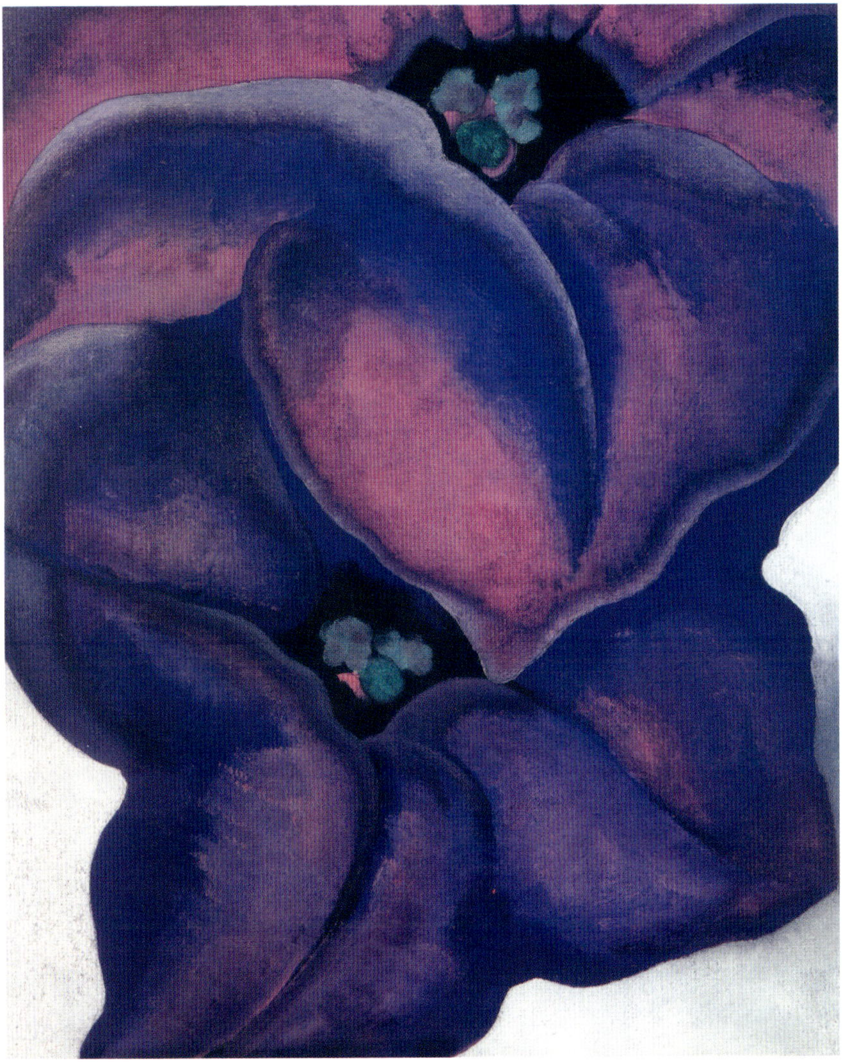

13 *Purple Petunias* 1925
40,3 x 33 cm
Sammlung des Newark Museum, Nachlaß Miss Cora Louise Hartshorn, 1958

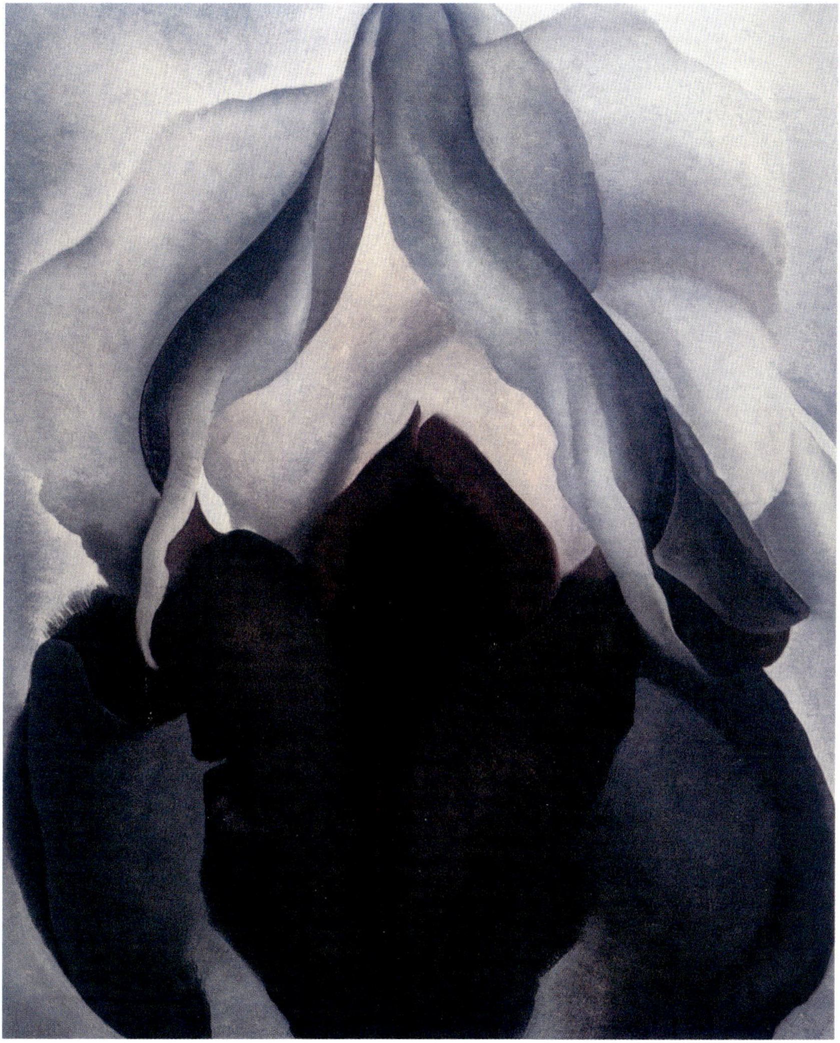

14 *Black Iris* 1926
91,4 x 75,9 cm
Sammlung Alfred Stieglitz, The Metropolitan Museum of Art, 1969

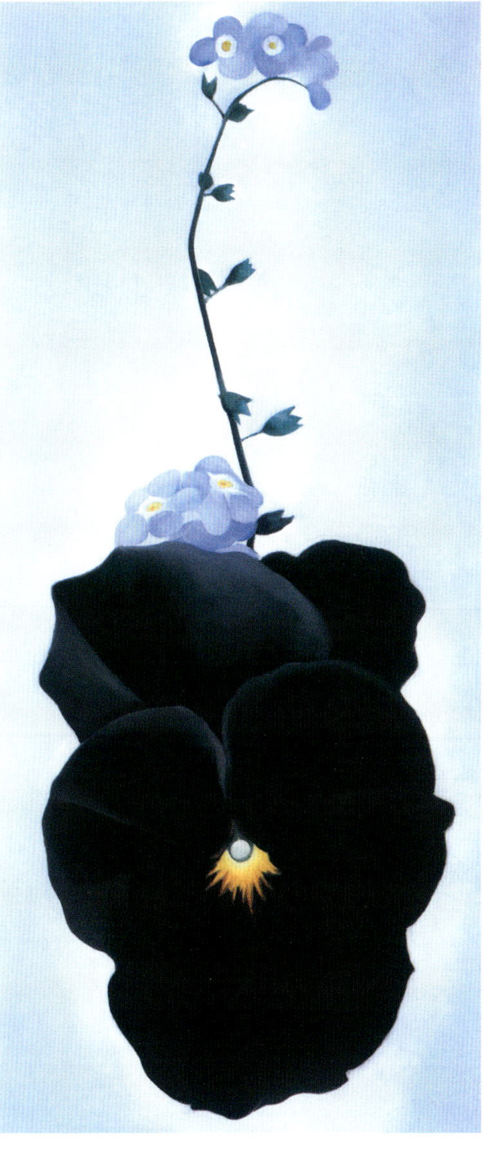

15 *Pansy (Black Pansy and Forget-Me-Nots)* 1926
68,4 x 30,6 cm
The Brooklyn Museum, Schenkung Mrs. Alfred S. Rossin

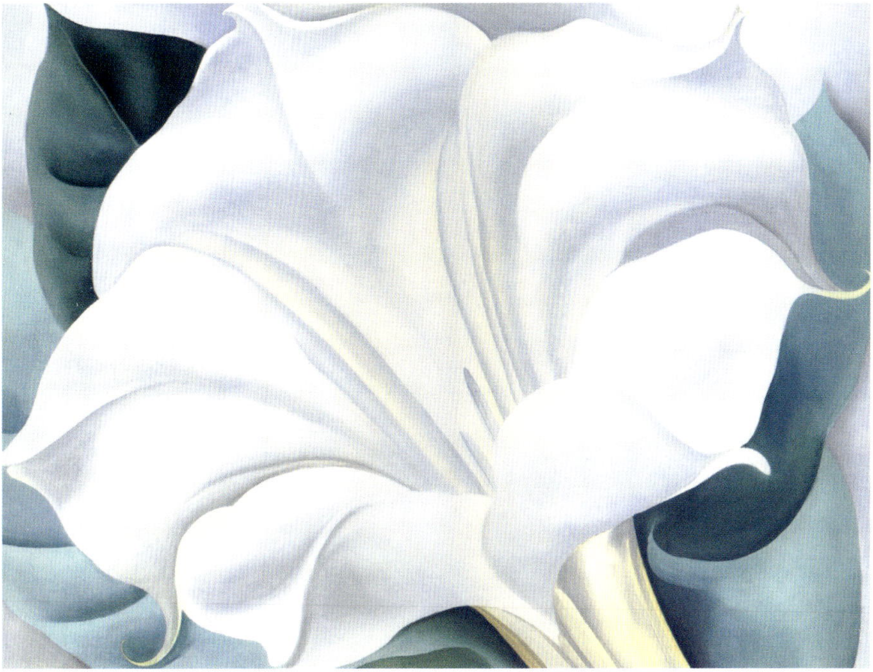

16 *White Trumpet Flower* 1932
75,9 x 101,3 cm
San Diego Museum of Art, California, Schenkung Mrs. Inez Grant Parker
in Erinnerung an Earle W. Grant

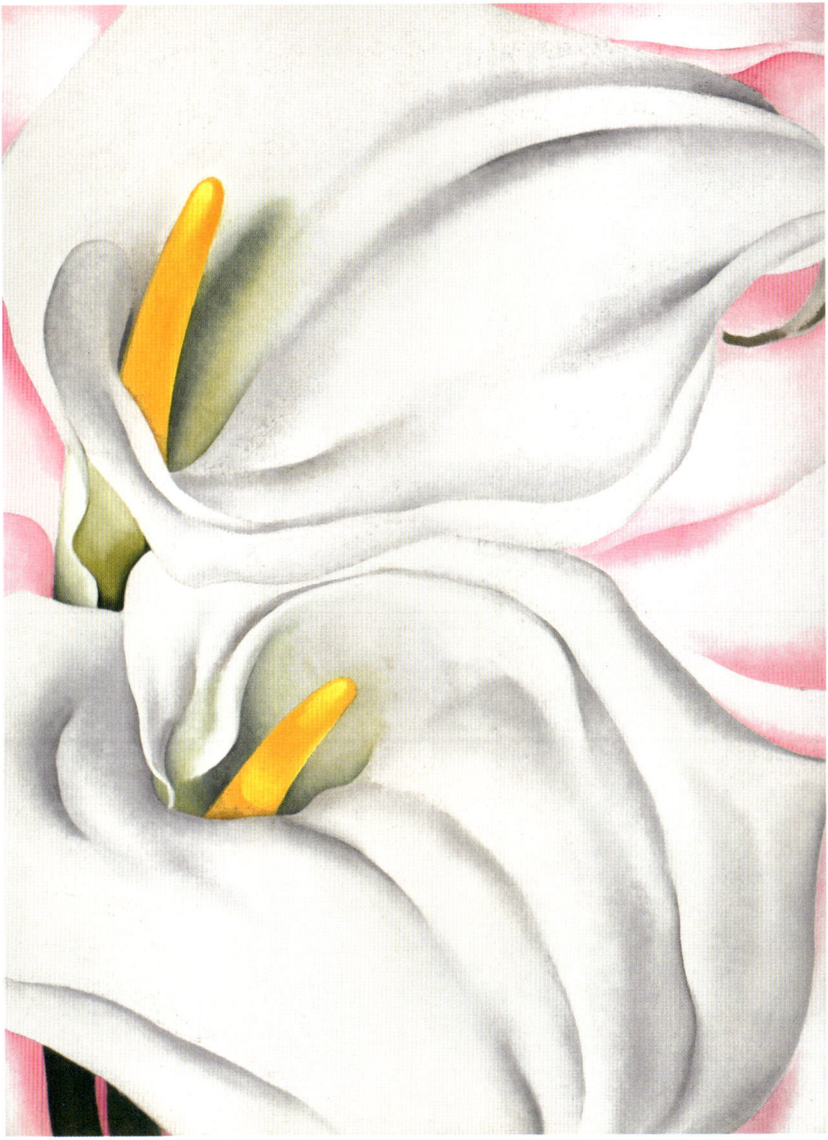

17 *Two Calla Lillies on Pink* 1928
101,6 x 76,2 cm
Nachlaß Georgia O'Keeffe

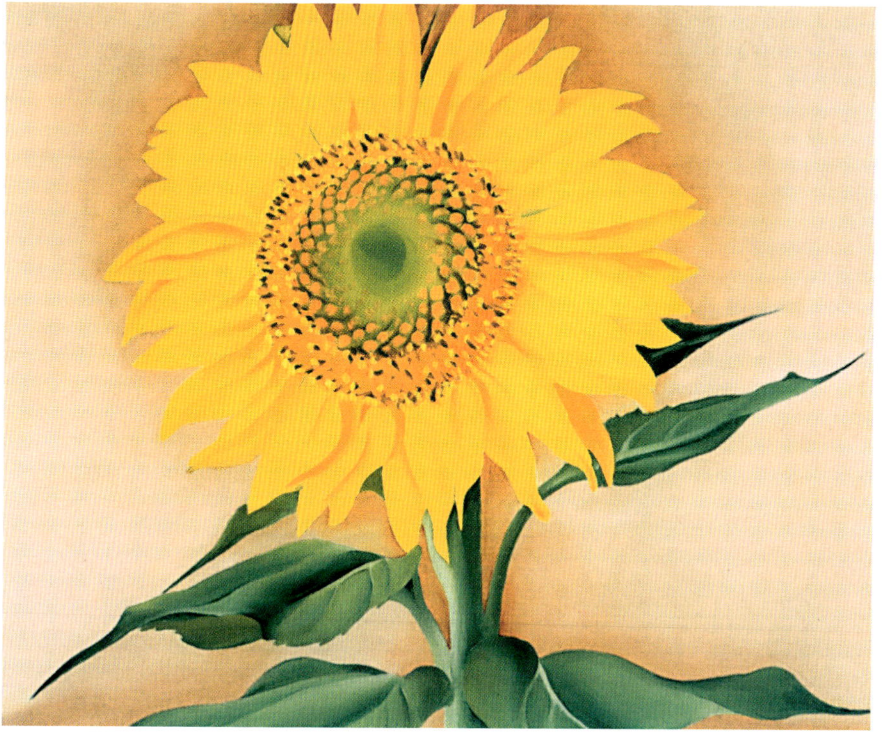

18 *Sunflower from Maggie* 1937
38,1 x 50,8 cm
Sammlung Alfred Stieglitz, Nachlaß Georgia O'Keeffe
Mit freundlicher Genehmigung des Museum of Fine Arts, Boston

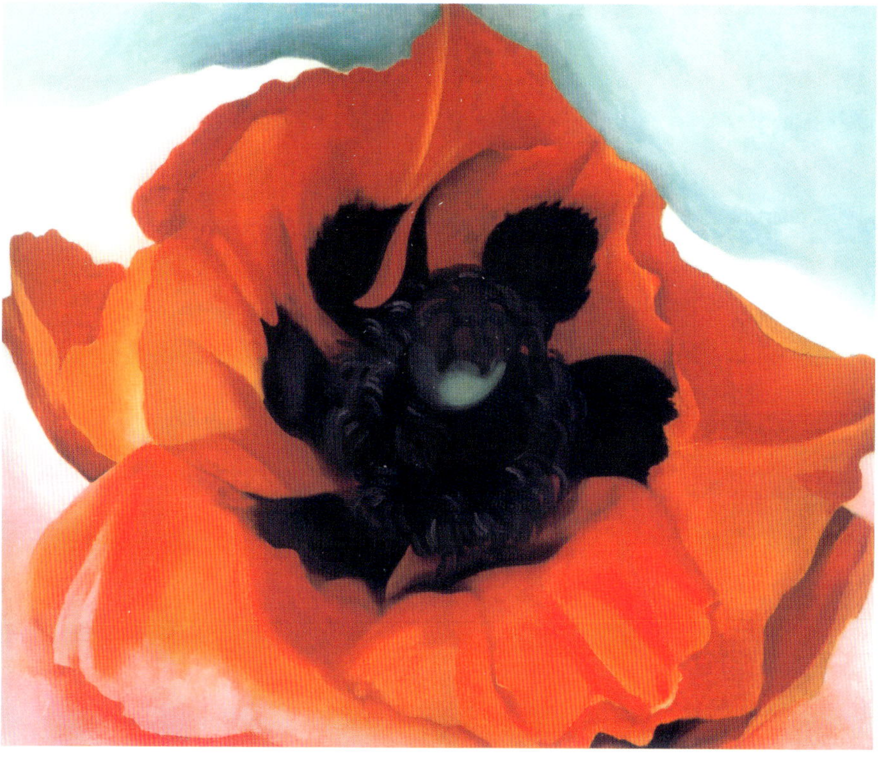

19 *Poppy* 1927

76,2 x 91,4 cm

Museum of Fine Arts, St. Petersburg, Florida, Schenkung Charles C. und Margaret Stevenson Henderson in Erinnerung an Jeanne Crawford Henderson

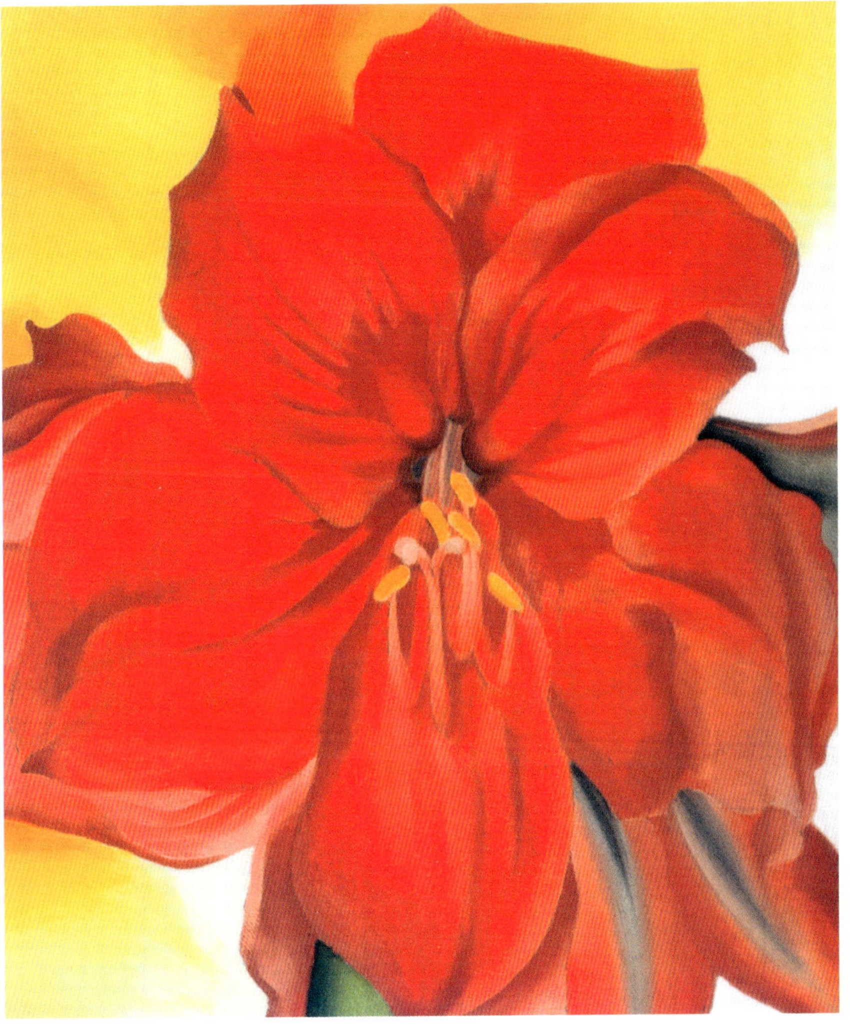

20 *Red Amaryllis* 1937
30,5 x 25,7 cm
Terra Museum of American Art, Chicago, Illinois, Schenkung Henrietta Roig

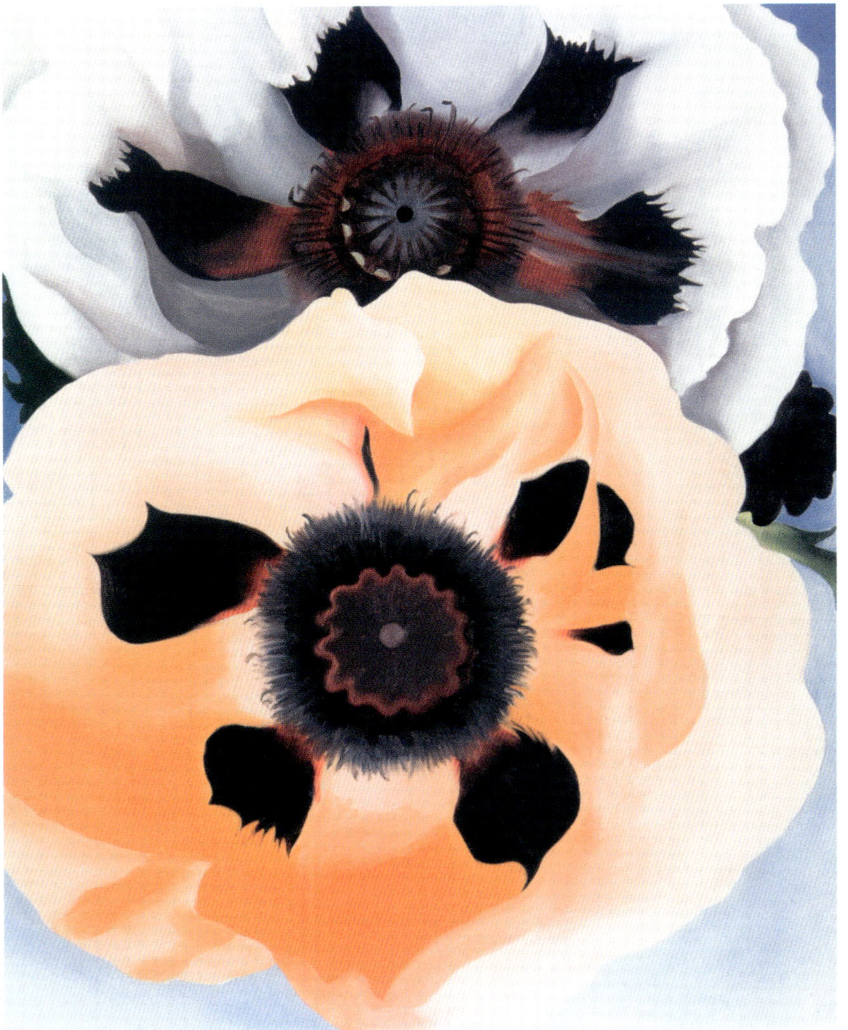

21 *Poppies* 1950
91,4 x 76,2 cm
Milwaukee Art Museum, Wisconsin, Schenkung Mrs. Harry Lynde Bradley

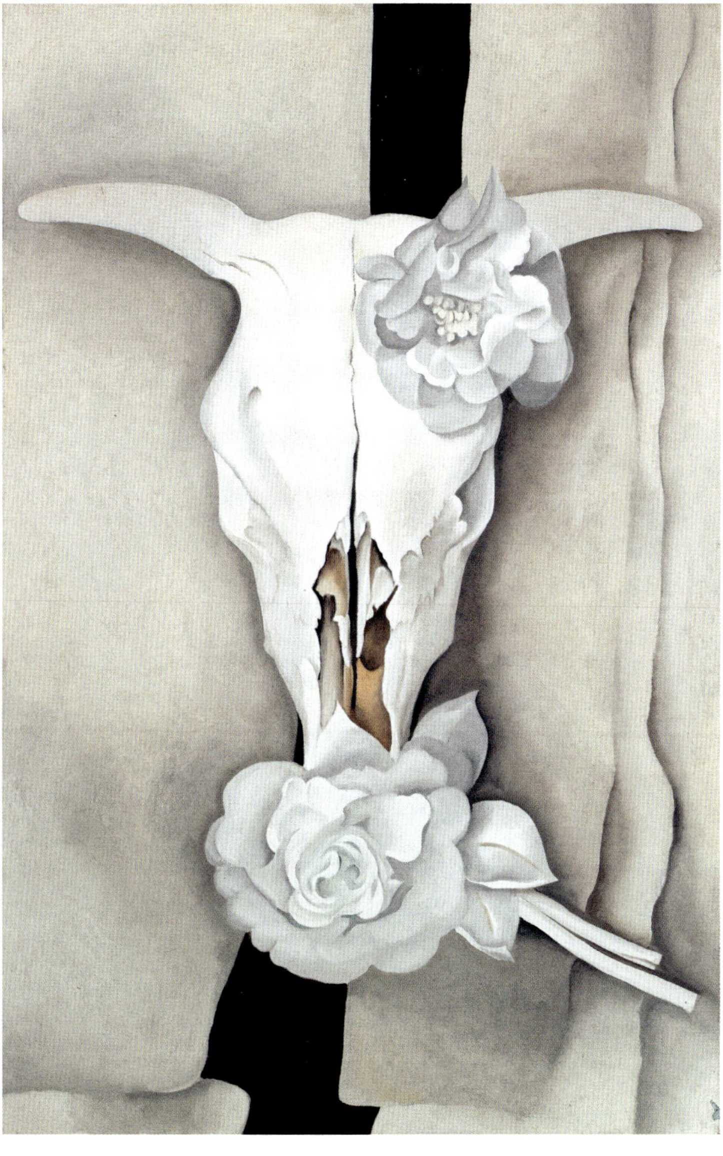

22 *Cow's Skull with Calico Roses* 1931
91,2 x 61 cm
The Art Institute of Chicago, Schenkung Georgia O'Keeffe

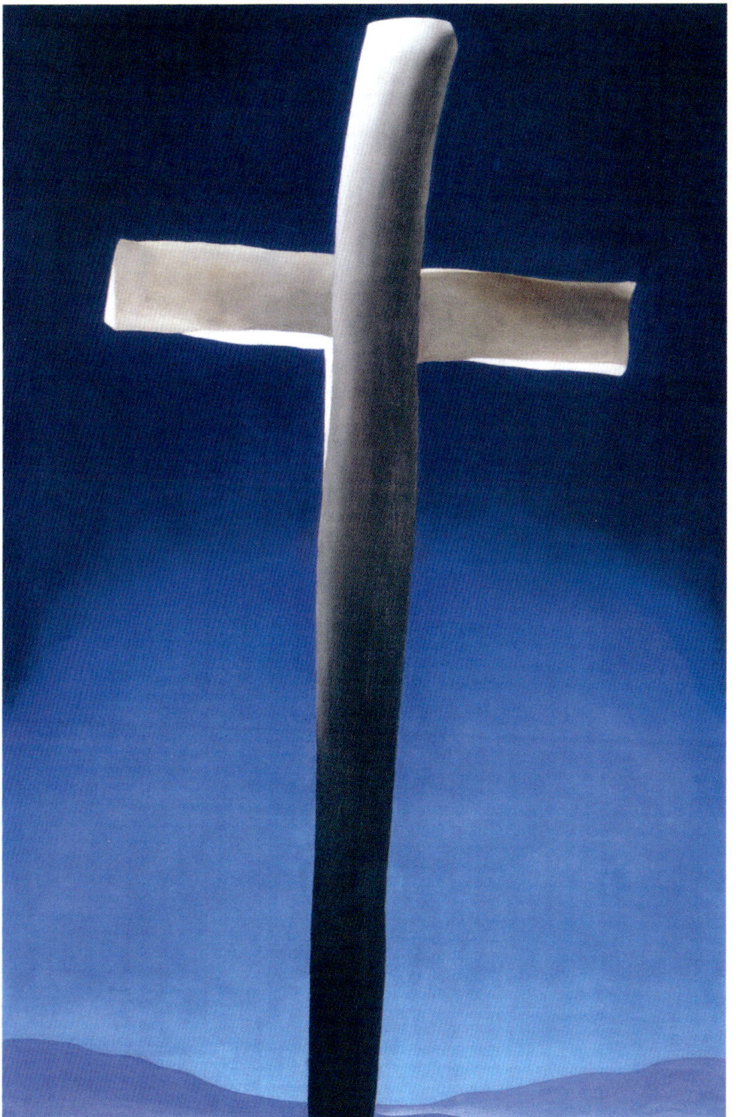

23 *Grey Cross with Blue* 1929
91,4 x 61 cm, The Albuquerque Museum 1983/85 G. O. Bonds, Albuquerque Museum Foundation, Ovenwest Corporation, Frederick R. Weisman Foundation

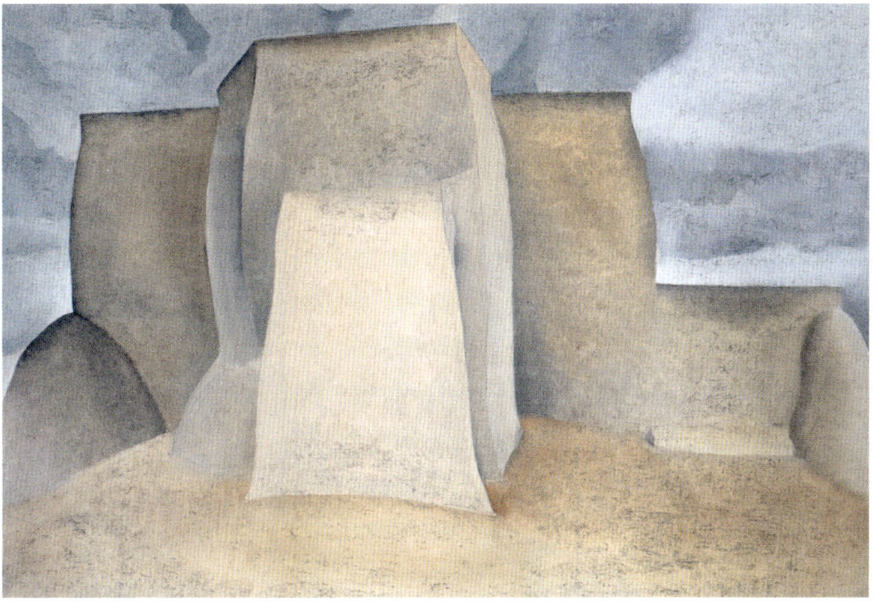

24 *Ranchos Church* 1930
61 x 91,4 cm
Sammlung Alfred Stieglitz, The Metropolitan Museum of Art, 1961

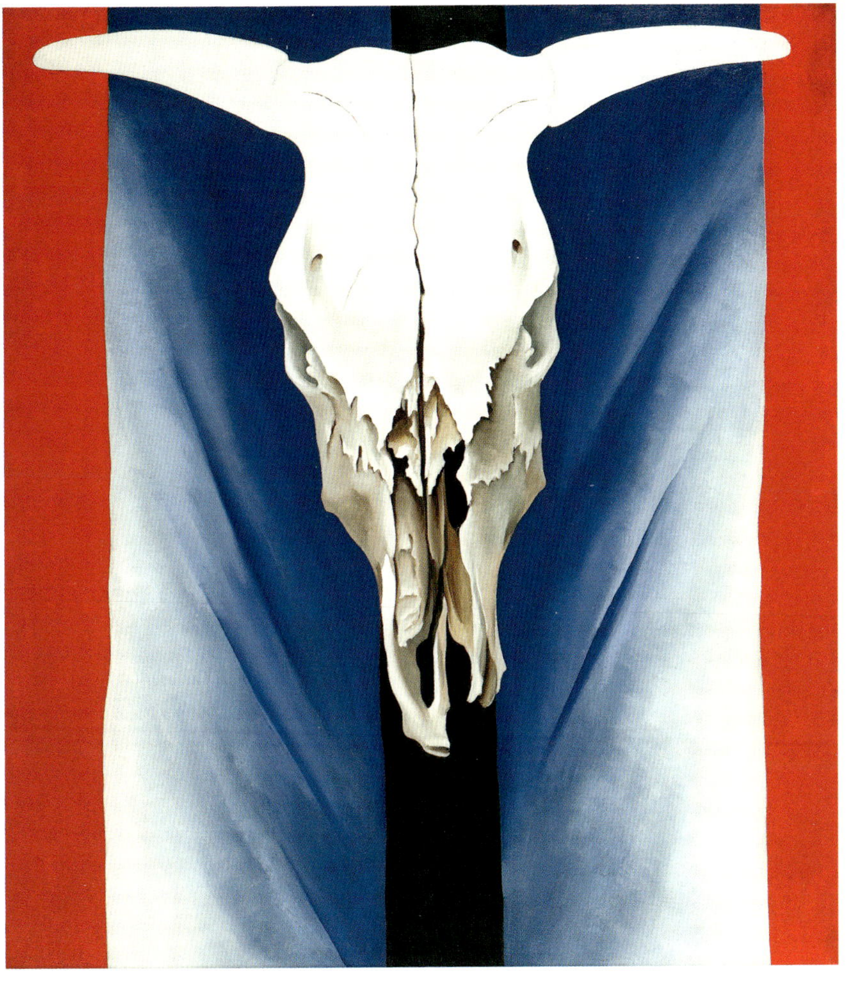

25 *Cow's Skull - Red, White, and Blue* 1931
101,3 x 91,1 cm
Sammlung Alfred Stieglitz, The Metropolitan Museum of Art, 1952

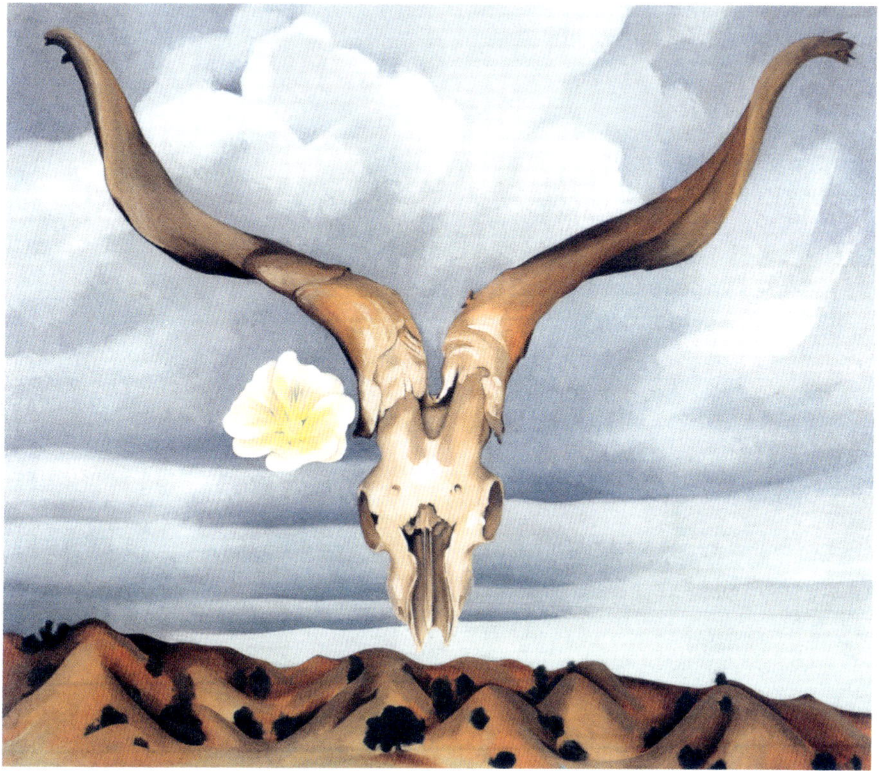

26 *Ram's Head - White Hooyhock - Little Hills, N. M.* 1935
76,2 x 91,4 cm
The Brooklyn Museum, Nachlaß Edith A. Lowenthal

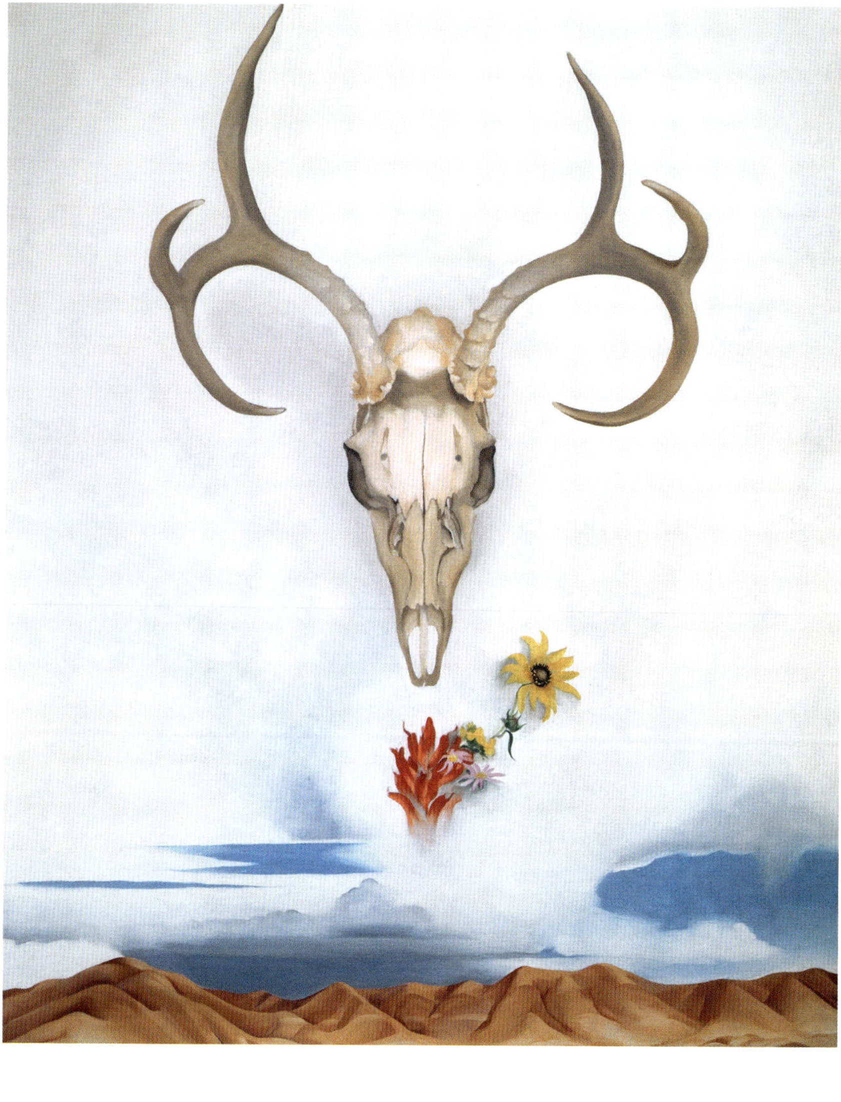

27 *Summer Days* 1936
91,4 x 76,2 cm
Sammlung Calvin Klein

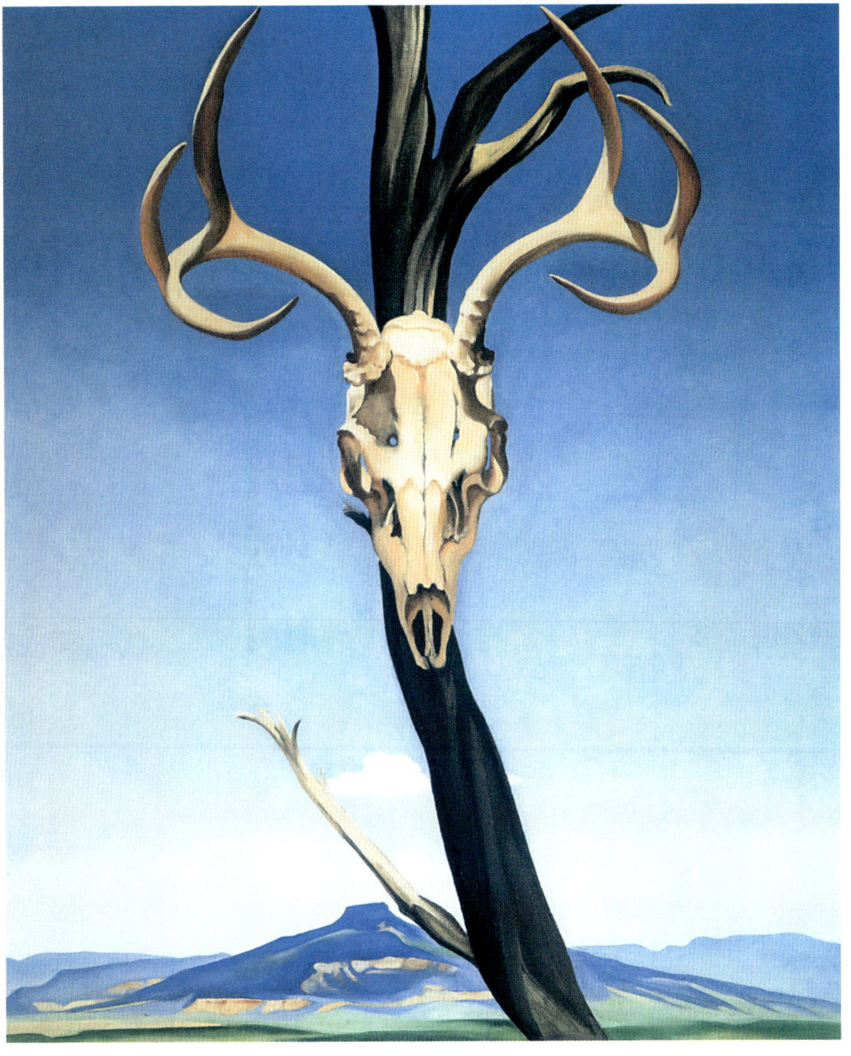

28 *Deer's Skull with Pedernal* 1936

91,4 x 76,2 cm

Mit freundlicher Genehmigung des Museum of Fine Arts, Boston,
Schenkung William H. Lane Foundation

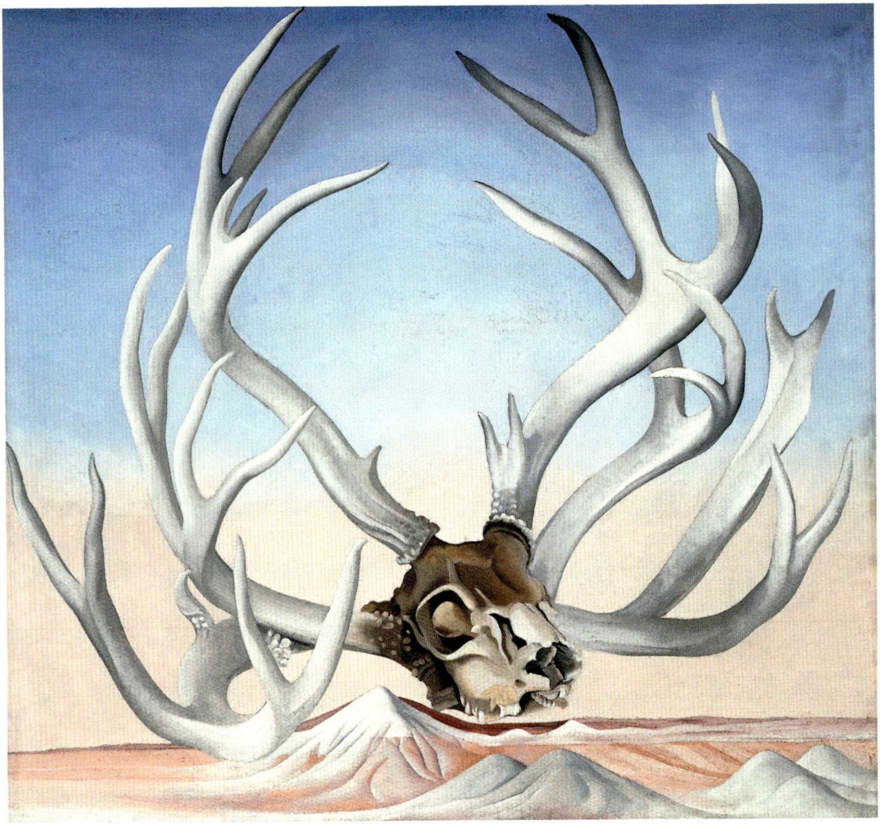

29 *From the Faraway Nearby (Deer's Horns Near Cameron)* 1937
91,4 x 102 cm
Sammlung Alfred Stieglitz, The Metropolitan Museum of Art, 1959

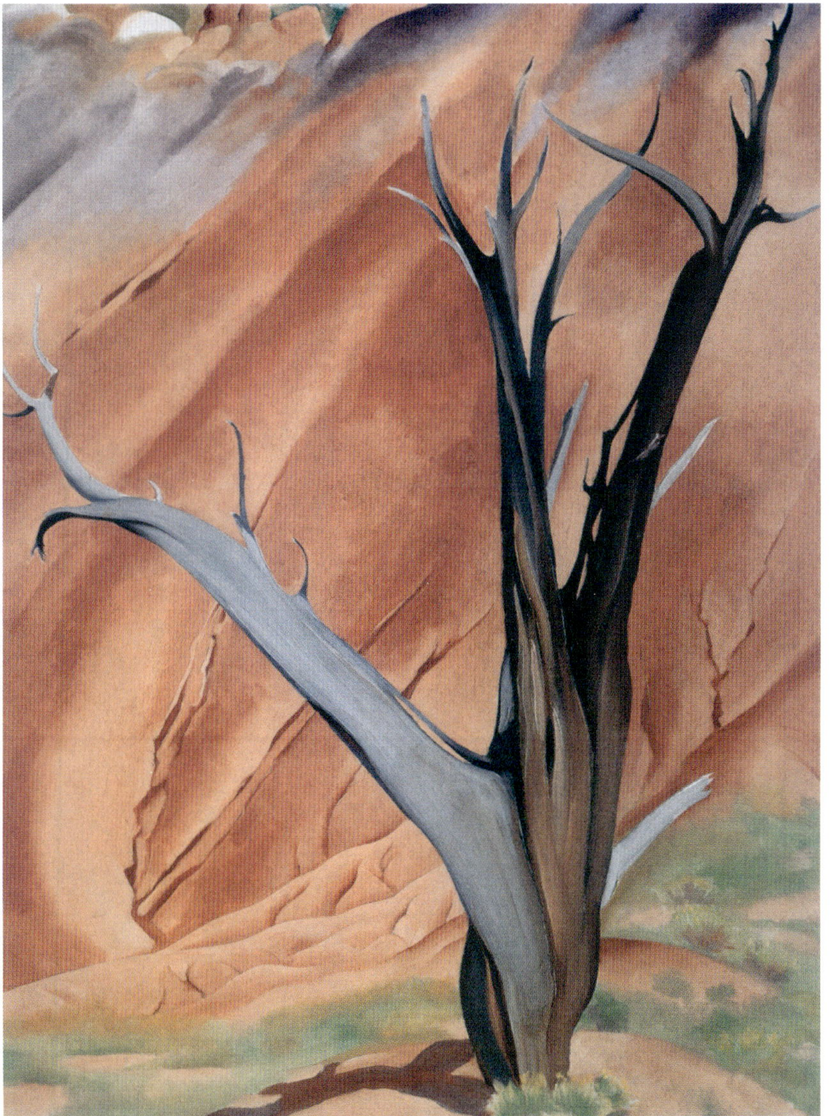

30 *Gerald's Tree I* 1937
101,6 x 76,2 cm
Nachlaß Georgia O'Keeffe

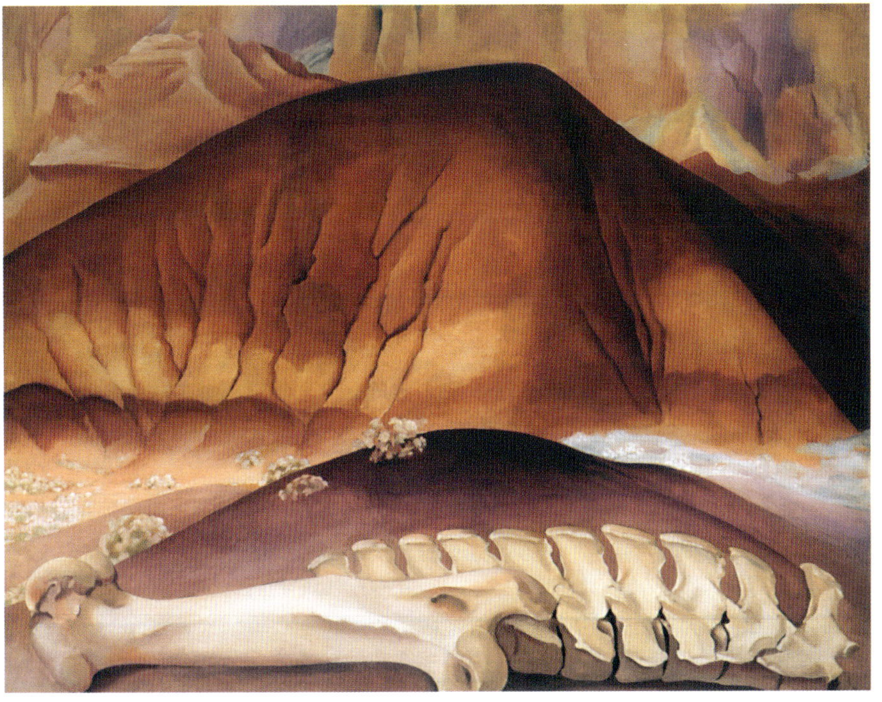

31 *Red Hills and Bones* 1941
76,2 x 101,6 cm
Sammlung Alfred Stieglitz, Philadelphia Museum of Art

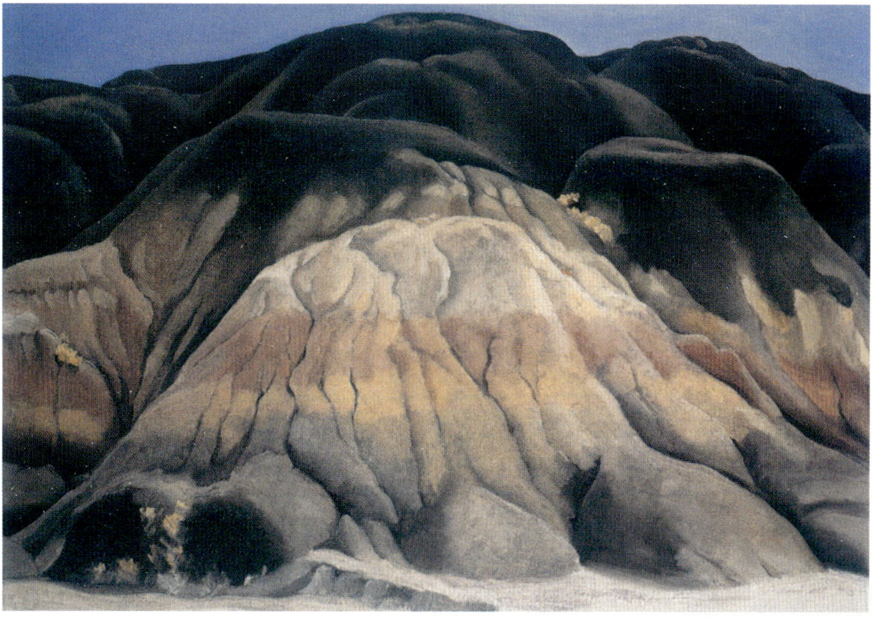

32 *The Grey Hills* 1942
50,8 x 76,2 cm
Indianapolis Museum of Art, Schenkung Mr. und Mrs. James W. Fesler

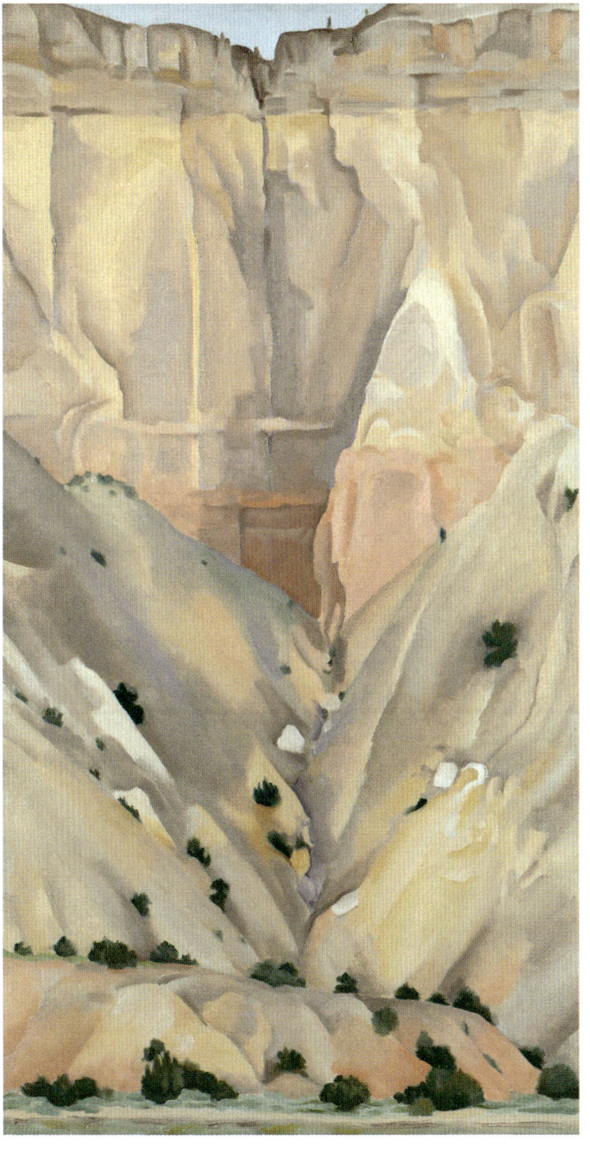

33 *Cliffs Abiquiu - Dry Waterfall* 1943
76,2 x 40,6 cm
Nachlaß Georgia O'Keeffe

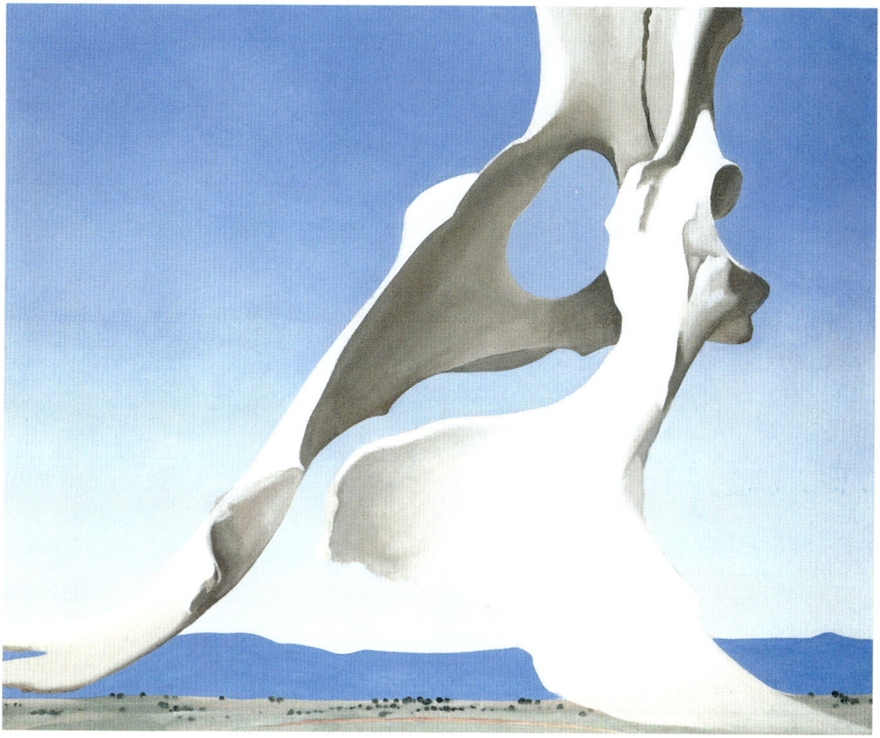

34 *Pelvis with the Distance* 1943
60,6 x 75,6 cm
Indianapolis Museum of Art, Schenkung Anne Marmon Greenleaf
in Erinnerung an Caroline Marmon Fesler

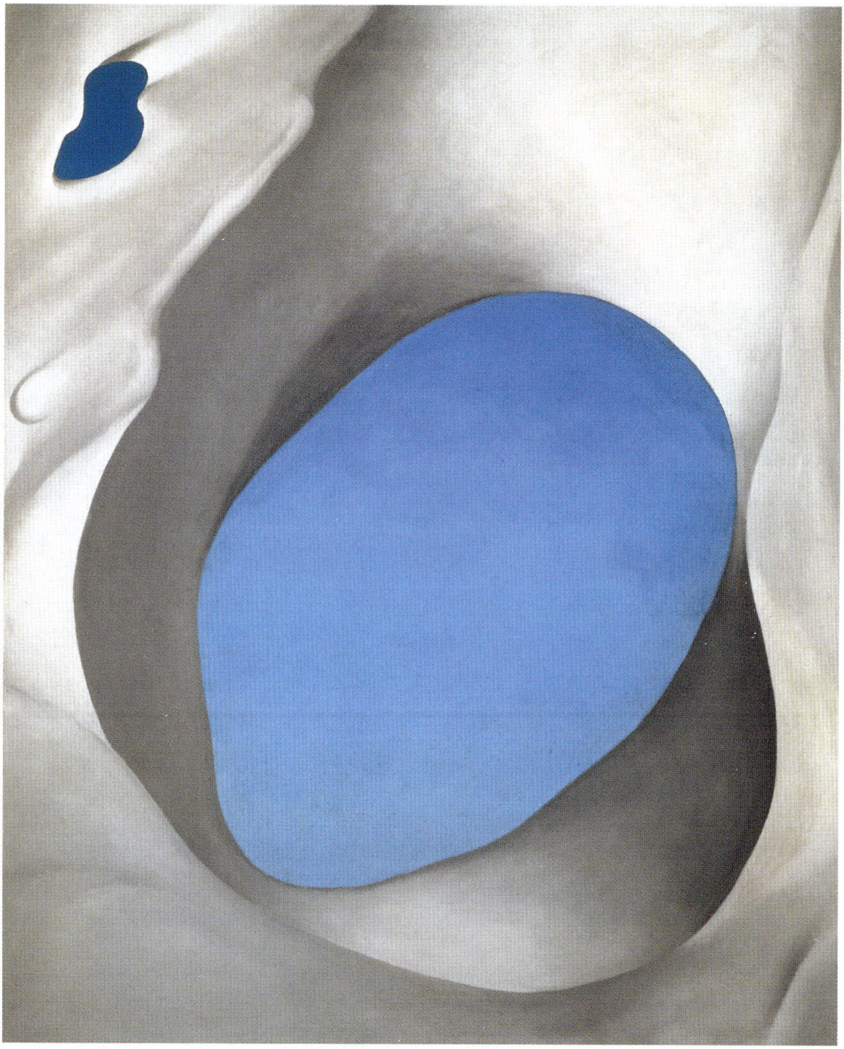

35 *Pelvis III* 1944
121,9 x 101,6 cm
Sammlung Calvin Klein

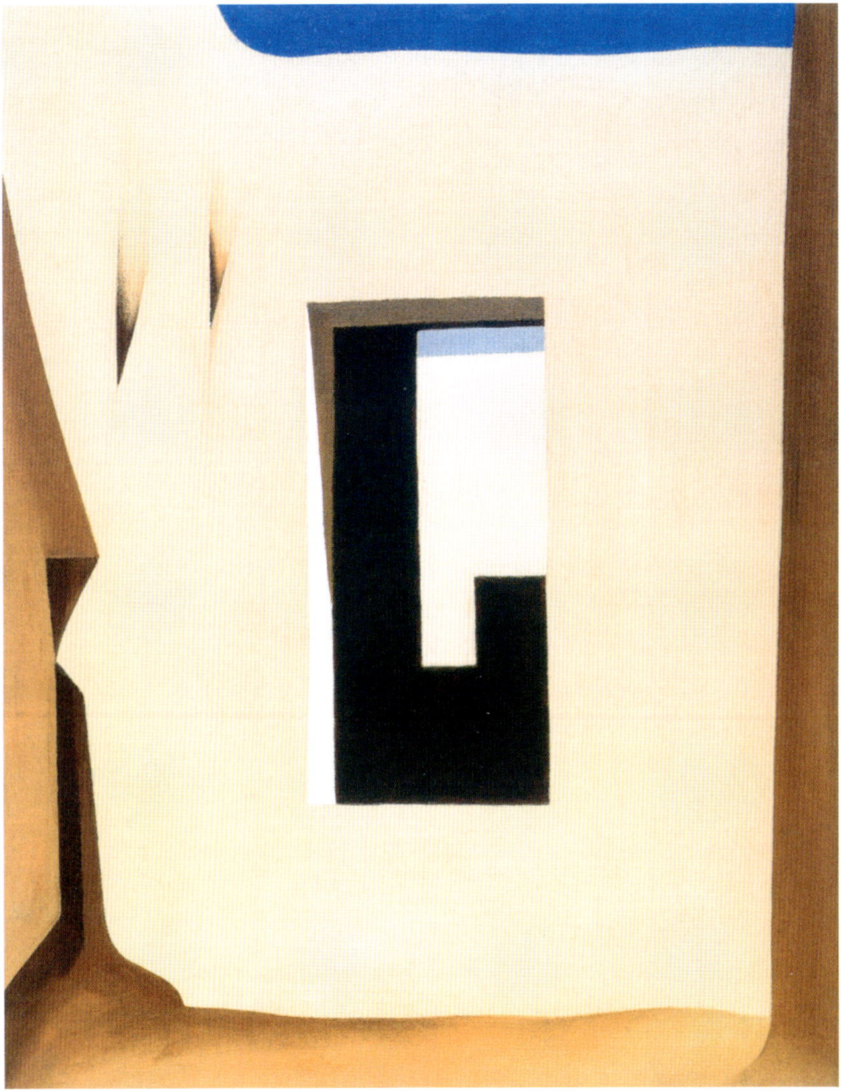

36 *In the Patio I* 1946
Öl auf Papier, 75,5 x 60,3 cm
San Diego Museum of Art, Schenkung Mr. und Mrs. Norton S. Walbridge

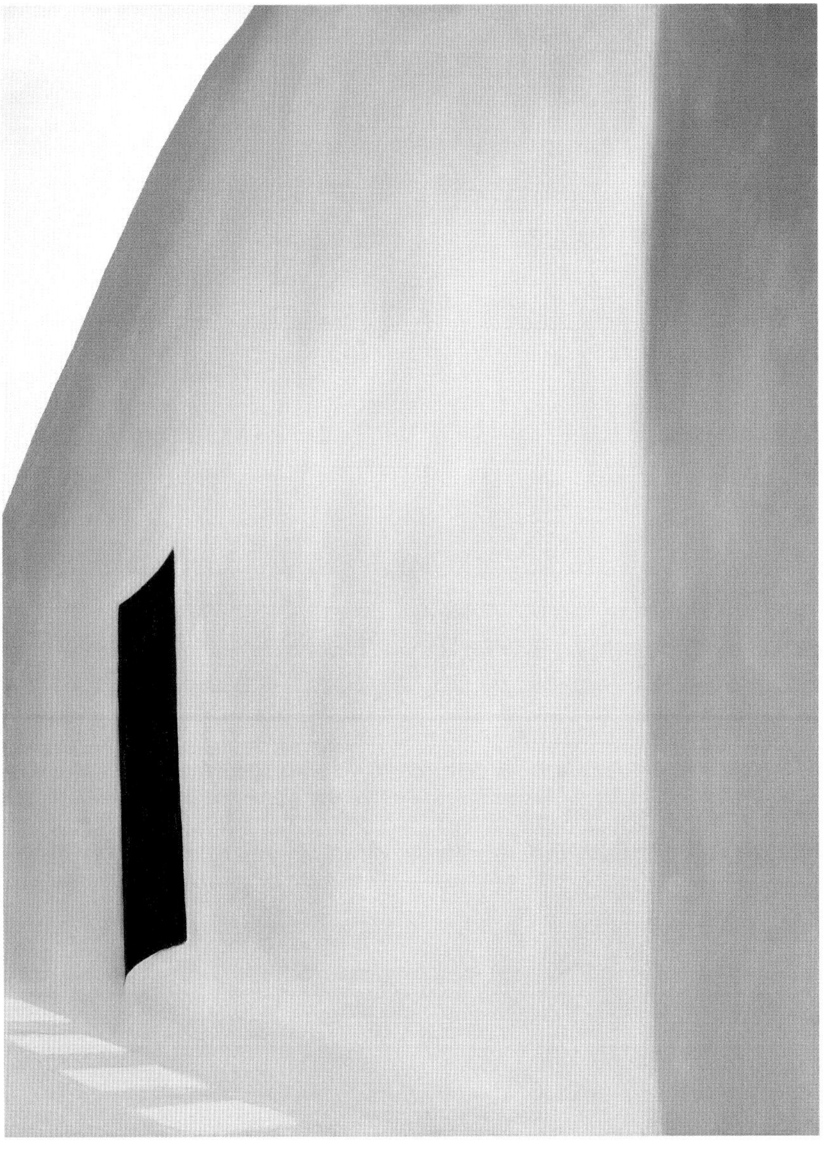

37 *Patio with Black Door* 1955
101,6 x 76,2 cm. Mit freundlicher Genehmigung des
Museum of Fine Arts, Boston, Schenkung William H. Lane Foundation

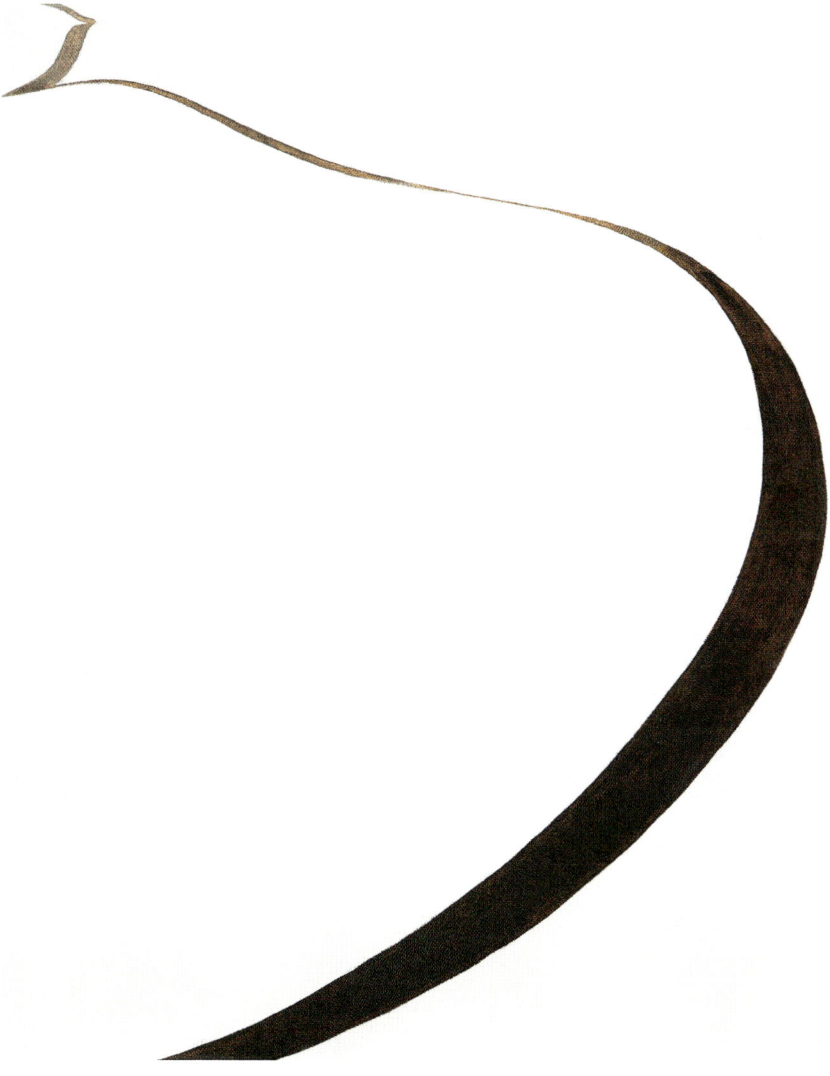

38 *The Winter Road (Winter Road I)* 1963
56 x 45,7 cm
Nachlaß Georgia O'Keeffe

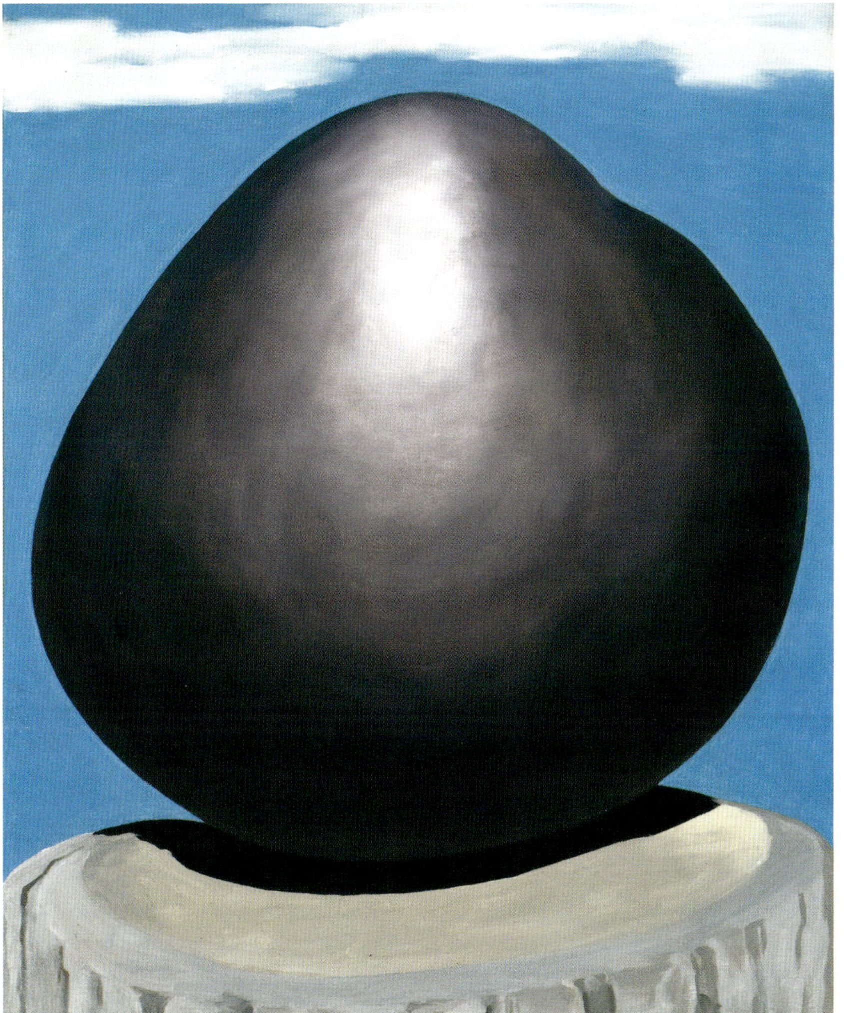

39 *Black Rock with Blue Sky and White Clouds* 1972
91,4 x 76,8 cm
Sammlung Alfred Stieglitz, Nachlaß Georgia O'Keeffe, The Art Institute of Chicago

Biographische Daten

1887 Am 15. November wird Georgia O'Keeffe in Sun Prairie, Wisconsin, als zweites von sieben Kindern der Farmer Francis und Ida O'Keeffe geboren. Sie wächst auf einer großen Farm in der Nähe von Sun Prairie auf.

1903 Umzug der Familie nach Williamsburg in Virginia.

1905 High School-Abschluß am Chatham Episcopal Institute in Chatham, Virginia. Von 1905 bis 1906 besucht sie die Kunstschule des Institute of Chicago.

1907/08 Einjähriges Studium an der Art Students League in New York. Im Januar 1908 besucht sie in der New Yorker Galerie »291« von Alfred Stieglitz die erste Ausstellung Auguste Rodins in den USA und im April eine Henri Matisse-Ausstellung.

1908–1910 Tätigkeit als freiberufliche Werbegraphikerin in Chicago.

1911 Im Frühjahr Arbeit als Kunstlehrerin an der High School in Chatham, Virginia.

1912–1916 Im ersten Sommer Schülerin, dann Assistentin von Alon Bement – einem Schüler von Arthur Wesley Dow – an der Sommerschule der University of Virginia, Charlottesville, wo ihre Familie inzwischen wohnt. In den Winterhalbjahren bis 1914 arbeitet Georgia O'Keeffe als Kunstlehrerin in Amarillo, Texas. Im Wintersemester 1914/15 Studium am Columbia University Teachers College in New York bei Arthur Dow. Freundschaft mit Anita Pollitzer. O'Keeffe besucht die Ausstellungen von Pablo Picasso, Georges Braque und John Marin in der Galerie »291«. Im Winterhalbjahr 1915/16 Arbeit als Kunstlehrerin am Columbia College in Columbia, South Carolina, ab Ende 1916 Leiterin der Kunstabteilung am College von Canyon in Texas.

1916 Anita Pollitzer zeigt Alfred Stieglitz Zeichnungen von O'Keeffe. Von Mai bis Juni stellt Stieglitz ihre Arbeiten im Rahmen einer Gruppenausstellung in der Galerie »291« aus, eine weitere Gruppenausstellung mit ihrer Beteiligung findet dort Ende des Jahres statt.

1917 Erste Einzelausstellung in der Galerie »291« von April bis Mai. Die Galerie wir in diesem Jahr geschlossen.

1918 Beginn der festen Beziehung zu dem Photographen und Galeristen Alfred Stieglitz. O'Keeffe steht in den folgenden Jahren häufig Modell für ihn.

1921 The Anderson Galleries, New York, zeigen erstmals Alfred Stieglitz' Photographien von Georgia O'Keeffe.

1923 Zweite, von Stieglitz organisierte Einzelausstellung von O'Keeffe mit etwa 100 Arbeiten in The Anderson Galleries, New York.

1924 O'Keeffe und Stieglitz heiraten im Dezember.

1925 In der Ausstellung »Seven Americans« in den Anderson Galleries stellen O'Keeffe und Stieglitz gemeinsam mit Paul Strand, John Marin, Arthur Dove, Charles Demuth und Marsden Hartley aus. Im Dezember eröffnet Stieglitz The Intimate Gallery, die er bis 1929 betreibt und in der er auch jedes Jahr O'Keeffes neue Gemälde zeigt.

1926 O'Keeffe spricht im März bei der National Woman's Party Convention, Washington, D.C.

1927 Operation im Mt. Sinai Hospital, New York.

1928 Briefwechsel mit D. H. Lawrence.

1929 Den Sommer verbringt O'Keeffe erstmals in New Mexico, wo sie sich von nun an beinahe jedes Jahr mehrere Monate aufhalten wird. Gruppenausstellungen im Museum of Modern Art in New York. Stieglitz eröffnet die Galerie An American Place.

1930 An American Place bietet für O'Keeffe weiterhin die Möglichkeit, ihre Bilder regelmäßig auszustellen.

1933 Nervenzusammenbruch und anschließend psychiatrische Behandlung in New York. Unterbrechung der Malerei für ein Jahr.

1934 Reise auf die Bermudas. In New Mexico lebt sie auf der H&M Ranch in Alcalde und ab September erstmals auf der Ghost Ranch in der Nähe von Abiquiu.

1936 Ein großes Blumengemälde entsteht im Auftrag von Elizabeth Arden, New York.

1938 O'Keeffe erhält im Mai vom College of William and Mary in Williamsburg die Ehrendoktorwürde für Bildende Kunst.

1939 Im Frühjahr malt sie als Gast der Dole Pineapple Company auf Hawaii. Die Bilder werden zum Teil für Werbekampagnen genutzt.

1940 O'Keeffe erwirbt den Rancho de los Burros, ein Anwesen, das zur Ghost Ranch gehört.

1941 Gemeinsam mit Marin, Dove, Stieglitz und Picasso stellt sie in der Galerie An American Place aus.

1942 Die University of Wisconsin ernennt sie zum Ehrendoktor der Literatur.

1943 Erste Retrospektive im Art Institute of Chicago.

1945 Georgia O'Keeffe erwirbt eine ehemalige Hazienda in Abiquiu, New Mexico, sechzehn Meilen von der Ghost Ranch entfernt.

1946 Im New Yorker Museum of Modern Art findet von Mai bis August eine große Ausstellung ihrer Werke statt. Es ist die erste Einzelausstellung einer Künstlerin in diesem Haus.
Am 13. Juli stirbt Alfred Stieglitz in New York. O'Keeffe beginnt mit der Nachlaßregelung seiner umfangreichen Kunstsammlung und Ausstellungsvorbereitungen für das photographische Werk, das 1947 im Museum of Modern Art, New York, und ein Jahr später im Art Institute of Chicago gezeigt wird.

1949 O'Keeffe löst ihren Wohnsitz in New York auf und zieht endgültig nach New Mexico. Im Frühjahr Aufnahme in das National Institute of Arts and Letters.

1951 Reise nach Mexiko.

1953 Beginn einer regen Reisetätigkeit: während ihres ersten Europa-Aufenthalts reist sie durch Frankreich und Spanien.

1956 Sie verbringt drei Monate in Peru.

1959 In dreieinhalb Monaten umkreist sie die Welt: Aufenthalte im Fernen Osten, in Südostasien, im Mittleren Osten und in Italien.

1960 Retrospektive im Worcester Art Museum. Sechswöchige Asienreise.

1962 In den folgenden Jahren wird sie mit zahlreichen Auszeichnungen geehrt. Sie wird in die American Academy of Arts and Letters aufgenommen.

1963 Die Brandeis University verleiht ihr den Creative Arts-Preis. Sie beendet die Zusammenarbeit mit der Downtown Gallery, die nach Stieglitz' Tod ihr Werk betreute. Doris Bry wird ihre Agentin. O'Keeffe reist nach Griechenland, Ägypten und in den Nahen Osten.

1964 Die Universität von New Mexico in Albuquerque verleiht ihr die Ehrendoktorwürde. Ebenso das Art Institute of Chicago im Jahr 1967, die Columbia University, New York, und die Brown University, Providence, Rhode Island, 1971, und die Harvard University 1973.

1966 Retrospektive am Amon Carter Museum of Western Art, Fort Worth, Texas, die auch im Museum of Fine Arts, Houston, gezeigt wird. O'Keeffe erhält den Wisconsin Governor's-Preis. Reise nach England und Österreich.

1970 Retrospektive im Whitney Museum, New York.

1971 Da ihre Sehkraft nachläßt, gibt sie die Malerei vorübergehend auf.

1973 Juan Hamilton regt sie dazu an, das Töpferhandwerk zu lernen. In den kommenden Jahren ist er Freund und Assistent von Georgia O'Keeffe.

1974 *Some Memories of Drawings,* ein Portfolio mit Zeichnungen und einem Text O'Keeffes, wird bei Atlantis Editions herausgegeben.

1976 *Georgia O'Keeffe. A Studio Book,* ein Buch mit 108 Reproduktionen und Texten der Malerin, erscheint bei The Viking Press, New York.

1978 Das Metropolitan Museum of Art in New York zeigt »Georgia O'Keeffe – A Portrait by Alfred Stieglitz«.

1979 Sie wird mit der höchsten Auszeichnung der USA, der Friedensmedaille, geehrt.

1985 Sie erhält die National Medal of Art.

1986 Am 6. März stirbt Georgia O'Keeffe in Santa Fe im Alter von 98 Jahren.

Literaturhinweise

Bry, Doris / Callaway, Nicholas (Hrsg.): *Georgia O'Keeffe, In the West,* Alfred A. Knopf, New York 1989

Callaway, Nicolas: *Georgia O'Keeffe, Blumen,* Droemer/Callaway, München 1987

Castro, Jan Garden: *Georgia O'Keeffe,* Crown Publishers, New York 1985

Cherry, Deborah: »Flowers in the desert«, *Women's Art,* Nr. 52 Mai/Juni 1993, S. 18–21

Cowart, Jack / Hamilton, Juan / Greenough, Sarah: *Georgia O'Keeffe, Art and Letters,* Ausstellungskatalog, Washington 1987/88

Crimp, Douglas: »Georgia is a state of mind«, *Art News,* Okt. 1970, S. 48–51

Decker, Andrew: »The battle over Georgia O'Keeffe's Multimillion-Dollar Legacy«, *Art News,* April 1987, S. 120–127

Dienst, Rolf-Gunter: »Georgia O'Keeffe«, *Künstlerinnen des 20. Jahrhunderts* (Hrsg. Rattenmeyer/Petzinger), Museum Wiesbaden, 1990, S. 248

Drohojowska, Hunter: »Georgia O'Keeffe 1887–1986«, *The Art News,* Nr. 6/1986, S. 119–121

Eldredge, Charles C.: *Georgia O'Keeffe,* Abrahams, New York 1991

Eldredge, Charles C.: *Georgia O'Keeffe, American and Modern,* Yale University 1993

»Georgia O'Keeffe«, *du - Zeitschrift für Kunst und Kultur,* 5/1987, S. 2–74

Goethals, Marion M.: *Georgia O'Keeffe, Natural Issues 1918-1924,* Williamstown, Mass. 1992

Greenough, Sarah: »The letters of Georgia O'Keeffe«, *Antiques,* November 1987, S. 1110–1117

Greenough, Sarah / Hamilton, Juan / Stieglitz, Alfred: *Photographs and Writings,* Washington 1983

Lisle, Laurie: *Georgia O'Keeffe, Das Leben der großen amerikanischen Malerin,* München 1989

Montgomery, Elizabeth: *Georgia O'Keeffe,* Bison Books, London 1992

O'Keeffe, Georgia: *A Studio Book,* The Viking Press, New York 1976

Robinson, Roxana: *Georgia O'Keeffe, A Life,* Harper and Row, New York 1989

Rynes, Barbara Buhler: *Georgia O'Keeffe, Alfred Stieglitz and the critics 1916-1929,* Univ. of Chicago Press 1989

Seligmann, Herbert: *Alfred Stieglitz Talking,* Yale University Library, New Haven 1966

Sotherland, Ann / Nochlin, Linda: »Georgia O'Keeffe«, *Women Artists 1550-1950,* Ausstellungskatalog, Alfred A. Knopf, New York 1976, S. 300-306

Stieglitz, Alfred: *Georgia O'Keeffe, A Portrait,* New York 1978

Yau, John: »O'Keeffes Misfocus«, *Art News,* Febr. 1988, N. 2, S. 114-119

Young, Mahonri S.: »Letter from the U.S.A. - In O'Keeffe's World«, *Apollo,* Okt. 1987 S. 362-366

Photonachweis

© 1994 by Addison Gallery of American Art, Phillips Academy, Andover, Massachusetts. All rights reserved: Tafel 9; The Albuquerque Museum, New Mexico: Tafel 23; © 1994 by The Art Institute of Chicago. All Rights reserved: Tafeln 4, 22, 39; © 1994 by The Brooklyn Museum: Tafeln 15, 26; © 1994 Indianapolis Museum of Art, Gift of Anne Marmon Greenleaf in memory of Caroline Marmon Fesler: Tafel 34; © 1994 Indianapolis Museum of Art, Gift of Mr. and Mrs. James W. Fesler: Tafel 32; © 1994 by John Loengard: Frontispiz; © 1994 by The Metropolitan Museum of Art: Tafeln 14, 25; © 1984 by The Metropolitan Museum of Art, Malcolm Varon, NYC: Tafeln 8, 24, 29; Milwaukee Art Museum, Wisconsin: Tafel 21; © 1994 by The Museum of Fine Arts, Boston: Tafeln 18, 28, 37; Museum of Fine Arts, St. Petersburg, Florida: Tafel 19; New Jersey State Museum: Tafel 5; © March 1994 by The Newark Museum, Sara Wells: Tafel 13; Philadelphia Museum of Art: Tafel 31; © 1994 by Eric Pollitzer, New York: Tafel 27; Privatsammlung: Tafeln 10, 11; Sammlung Calvin Klein: Tafel 35; Sammlung Thyssen-Bornemisza: Tafel 3; San Diego Museum of Art, California: Tafeln 16, 36; © 1989 by Steven Sloman: Tafel 1; © 1994 by Terra Museum of American Art: Tafel 20; University of Arizona Museum of Art, Tucson: Tafel 12; The Carl Van Vechten Gallery of Fine Arts, Fisk University, Nashville, Tennessee: Tafel 6; © 1994 by Malcolm Varon, NYC: Tafeln 2, 7, 17, 30, 33, 38.

Weitere Bände aus dieser Reihe zu Kunst und Photographie

120 Seiten, 40 Farbabb.
ISBN 978-3-88814-276-5

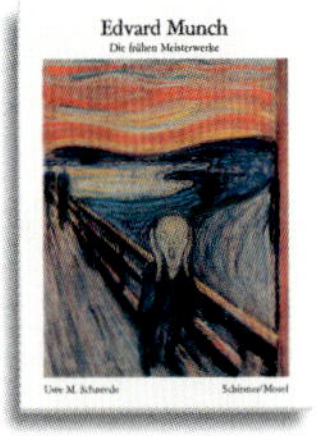

104 Seiten, 34 Farbabb.
ISBN 978-3-88814-277-2

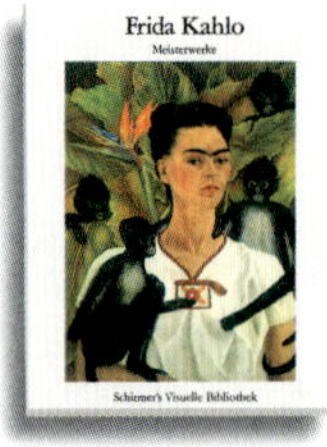

112 Seiten, 43 Farbabb.
ISBN 978-3-88814-382-3

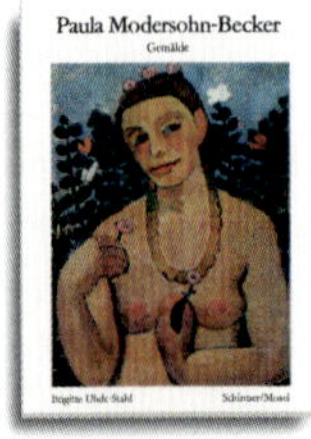

112 Seiten, 40 Farbabb.
ISBN 978-3-88814-413-4

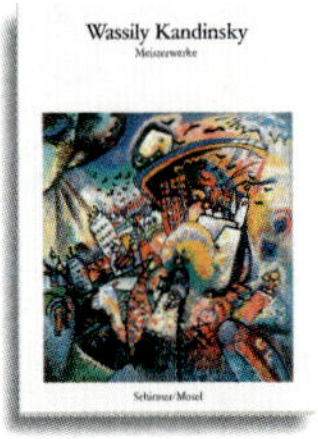

112 Seiten, 37 Farbabb.
ISBN 978-3-8296-0742-1

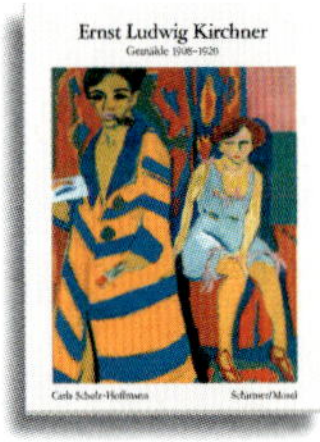

120 Seiten, 40 Farbabb.
ISBN 978-3-8296-0492-5

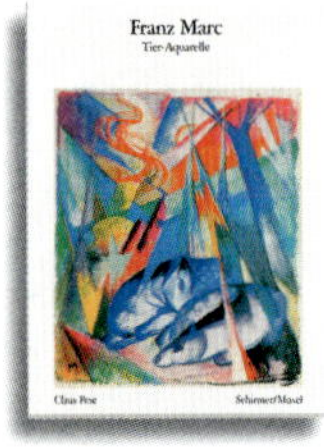

104 Seiten, 40 Farbabb.
ISBN 978-3-8296-0494-9

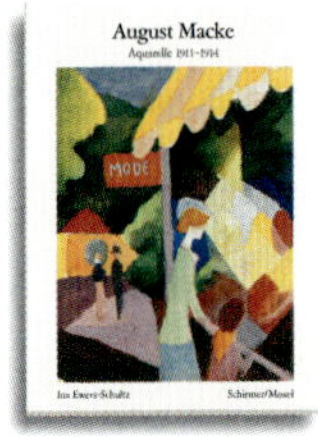

112 Seiten, 40 Farbabb.
ISBN 978-3-8296-0712-4

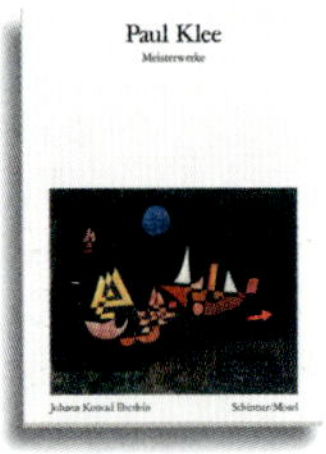

104 Seiten, 40 Farbabb.
ISBN 978-3-8296-0493-2

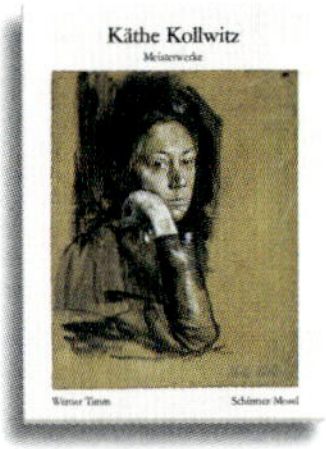

112 Seiten, 48 Farbabb.
ISBN 978-3-8296-1014-8

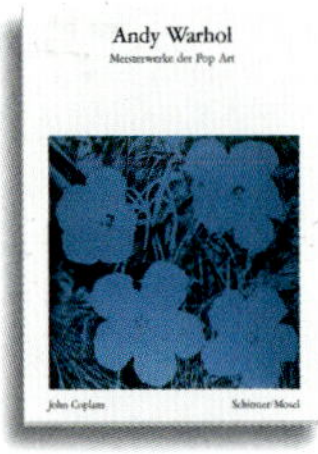

128 Seiten, 75 Farbabb.
ISBN 978-3-8296-0594-6

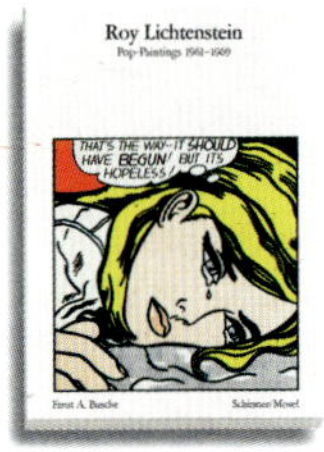

108 Seiten, 41 Farbabb.
ISBN 978-3-88814-315-1

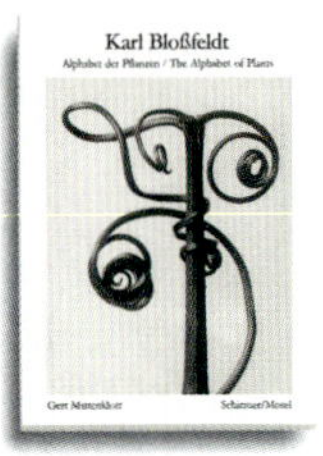

80 Seiten, 44 Duotoneabb.
ISBN 978-3-8296-0912-8

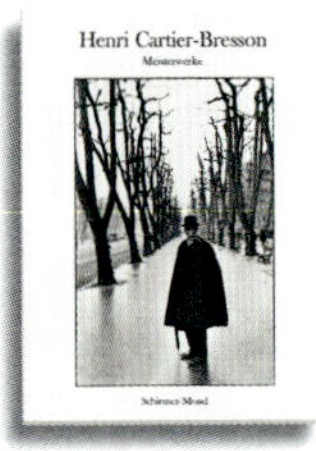

128 Seiten, 52 Duotoneabb.
ISBN 978-3-8296-0149-8

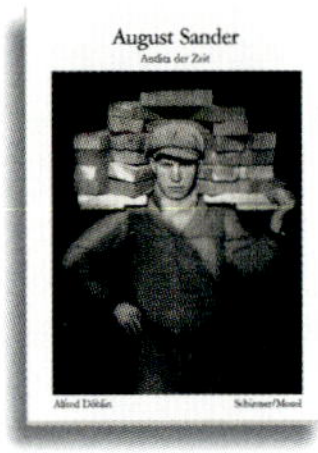

144 Seiten, 60 Duotoneabb.
ISBN 978-3-88814-357-1

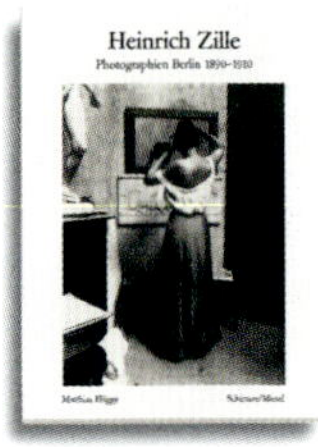

104 Seiten, 71 Duotoneabb.
ISBN 978-3-8296-0138-2